온라인을 통해 국경이 따로 없이 모두가 연결된 세상을 살고 있다.
문제를 발견하고 해결하기 위해 우리나라와 외국의 청소년들이 끊임없이
정보를 공유하고 연대하며 함께 행동하고 있다.
이들이 모이는 공식적인 행사가 있는데 바로 '메이커 페어'다.

메이커들의 수많은 문제 해결의 과정을 살펴보면 공통점이 존재한다.
문제를 찾고, 공감하며, 핵심을 도출하여 창의적인 아이디어를 치열하게
꺼낸 뒤에 이를 해결하는 과정에서 '메이커'로서 역할을 한다.

"SDGs가 뭐야? 이런 걸 꼭 배워야 할까?"
"맞아, 우주에 대한 지식과 우주 생존을 위한 훈련을 받았으면 된 거 아닌가?"
"그래도 궁금하긴 하다. 우리는 우주여행을 하러 가는 게 아니라,
우주 행성의 문제를 지구에서의 경험을 바탕으로 해결하는 게 목적이잖아."

"지속가능발전이란, 미래 세대에게 필요한 자원을 고갈시키거나 그들의 여건과 능력을 저해하지 않으면서 현재를 살아가는 사람들이 경제, 사회, 환경, 문화 분야에서 다양한 발전을 추구하는 일을 말해."

상상하고
만 들 고
해결하고

이 도서는 한국출판문화산업진흥원 '2019년
우수출판콘텐츠 제작 지원' 사업 선정작입니다.

청소년을 위한 디자인씽킹과 메이커 교육

상상하고
만 들 고
해결하고

펴낸날 2019년 8월 30일 1판 1쇄
        2019년 12월 20일 1판 2쇄

지은이 김승 · 강지훈 · 유정윤 · 한양대사회혁신센터
총괄기획 성기철
펴낸이 김영선
교정 · 교열 이교숙 · 남은영
경영지원 최은정
디자인 현애정
마케팅 신용천

펴낸곳 (주)다빈치하우스-미디어숲
주소 경기도 고양시 일산서구 고양대로632번길 60, 207호
전화 (02) 323-7234
팩스 (02) 323-0253
홈페이지 www.mfbook.co.kr
이메일 dhhard@naver.com (원고투고)
출판등록번호 제 2-2767호

값 14,800원
ISBN 979-11-5874-057-3 (43300)

이 도서의 국립중앙도서관 출판예정도서목록(CIP)은 서지정보유통지원시스템 홈페이지(http://seoji.nl.go.kr)와 국가자료공동목록
시스템(http://www.nl.go.kr/kolisnet)에서 이용하실 수 있습니다.(CIP제어번호: CIP2019028801)

청소년을 위한 디자인씽킹과 메이커 교육

상상하고
만 들 고
해결하고

성기철 총괄기획

김승 · 강지훈 · 유정윤 · 한양대 사회혁신센터 지음

스스로 문제를 찾아 해결하는 체인지메이커를 위한 두 가지

미디어숲

추천사

각 시대마다 교육적 목표와 방향은 특정 시대적 요구를 반영하고 시대를 대표하는 기술과 도구의 적극적 활용으로 이어진다. 그러나 시대를 초월해 공통적으로 강조된 목표가 있으니 그것은 학생들이 신나게 즐겁게 자발적으로 학습에 참여하는 자기주도성, 나아가 서로 간에 돕고 공감하고 나누는 협력성을 배우게 하는 것이다. 이를 통해 학생들은 학습자로서의 자신감을 얻게 되며 모든 일에 적극 참여하고 도전정신을 갖게 된다. 이제 여기서 더 나아가 학생들의 자신감의 방향과 목표를 체인지메이커에 두게 될 때 자신감은 자존감, 자긍심으로 확장된다. 바로 이러한 바람직한 교육환경을 이 책에서 '메이커 교육'이란 이름으로 제시하고 있다. 흔히 메이커 교육을 드론 만들기, 3D프린터를 활용한 활동 등 디지털 기술 활용 문제해결 활동으로 국한시키는 경우가 있다. 그러나 이 책은 메이커 교육의 목표를 지속가능성SDGs에 기반하여 상상력과 자기주도성, 더불어 디자인씽킹 과정에 입각한 공감과 협력, 나눔과 개방을 통한 체인지메이커를 지향함으로써 메이커 교육을 미래사회에 필요한 새로운 교육 패러다임이자 교육환경으로 보고 있다. 따라서 이 책은 청소년을 대상으로 메이커 교육을 이해하거나 실행하고자 하는 사람들에게 더할 나위 없이 적절하고 바람직한 방향을 제공해줄 것이다.

강인애 (경희대학교 교육대학원 교수)

오늘날 세계는 빈곤, 질병, 환경오염, 교육격차 등 다양한 사회 문제를 안고 있습니다. 이를 해결하기 위한 솔루션들이 제시되고 있지만, 갈수록 심해지는 문제들에 비해 솔루션의 양과 질이 턱없이 부족한 형편입니다. 따라서 효율성, 효과성, 지속가능성, 공정성 등의 측면에서 보다 나은 솔루션을 만들어낼 수 있는 체인지메이커가 꼭 필요합니다. 이 책은 체인지메이커가 갖추어야 할 핵심 능력인 '공감, 창의, 협력 역량'을 높이는 데 큰 도움이 될 수 있는 '디자인씽킹과 메이커 교육'을 다루고 있습니다. 이 시대에 꼭 필요한 책이라고 생각하며, 특히 앞으로의 50년을 책임질 우리 청소년들과 그들을 가르치시는 교사 분들께 이 책을 추천하고 싶습니다.

신현상 (한양대학교 교수, 아쇼카U 체인지리더, 스탠포드 소셜 이노베이션 리뷰
한국어판 편집인)

지금의 청소년들이 앞으로 살아가게 될 미래는 어떤 모습일까? 그들이 배우는 지식은 과연 미래에도 유용할까? 더 이상 과거의 지도를 가지고 미래를 탐험할 수 없는 미래사회 탐험자의 배낭에 꼭 필요한 것은 무엇일까? 『상상하고 만들고 해결하고』는 청소년들에게 필수적인 핵심역량인 '디자인씽킹'과 '메이커 역량'을 스토리텔링 방

식으로 소개하는 흥미진진 블록버스터 책이다. 책 제목에서 드러나듯 그 '무엇'이든, 어떤 '주제'든 디자인씽킹과 메이커 역량을 갖추면 상상하고, 만들고, 해결할 자신감을 가질 수 있다. 이를 연습하기 위해 이 책은 독자들을 2060년 미래로 데려간다. 예측할 수 없고 상상할 수 없는 미래의 시점에서 차근차근 디자인씽킹과 메이커 역량을 실습하다 보면, 당신은 스스로가 '체인지메이커'가 되었음을 발견하게 될 것이다.

김정태 (임팩트투자 컨설팅 MYSC 대표이사)

체인지메이커, 메이커 교육, 비주얼씽킹 등 한 번쯤은 들어봤을 만한 미래교육의 대표 개념을 친절하고 쉽게 풀어주는 해설서 같은 책입니다. 교육 패러다임의 거대한 변화는 이제 거부할 수도, 외면할 수도 없습니다. 이 책은 이러한 시대의 흐름에 맞서기 위한 지혜는 물론, 용기와 자신감까지 덤으로 얻어갈 수 있습니다.

조유성 (한국과학창의재단 창의융합기획실 연구원)

아쇼카가 지난 40년 동안 전 세계 곳곳에서 세상을 바꾼 사회혁신기업가들을 통해 알게 된 중요한 사실이 있다. 바로 진정한 변화를 일으키는 사람들에게 나이나 외부 조건은 뛰어넘을 수 없는 장벽이 아니라는 것이다. 동북아시아의 첫 Ashoka U '체인지메이커 캠퍼스'가 된 한양대학교의 사회혁신센터에서 청소년들을 위한 뜻 깊은 시도를 해주셔서 감사하다. 현재와 미래의 수많은 체인지메이커들과 더불어 '상상하고, 만들고, 해결하고'라는 '이기는 싸움'에 나서자!

이혜영 (아쇼카한국 대표)

미국의 21세기 위원회에서는 미래 사회를 살아가기 위해 반드시 필요한 역량으로 4C를 제시했다. 4C는 창의력Creativity, 의사소통능력 Communication, 협동심Collaboration, 비판적 사고력Critical Thinking으로, 이러한 능력을 기르려면 학생들이 스스로 문제를 찾고 동료들과 서로 협동하는 과정을 반복해야 한다고 조언하고 있다.

이 책은 가상의 캐릭터들을 등장시켜 미래의 학생들이 반드시 알아야 할 문제와 개념들을 융합교육STEAM 관점에서 소개하고 있다. 특히 스토리텔링을 통해 복잡하고 어려운 과학 및 공학 개념을 쉽게 설명하고 있으며, 디자인씽킹과 메이커 운동을 이용해 학생들이 스스로 문제를 찾고 해결하는 방법을 제시하고 있다. 이 책에서 저자들은 최근 교육의 트렌드인 융합교육STEAM, 디자인씽킹, 메이커 운동이 서로 분리된 것이 아니라, 결국엔 같은 목표를 도달하기 위한 과정이라는 것을 제시하고 있다.

성의석 (Indiana University Science Education Postdoctoral Researcher)

이 책은 어느새 배우는 즐거움과 가치를 잃어버린 학교와 한계와 도전을 잊어버린 세대들에게 보내는 솔깃한 제안을 담고 있다. 학생들이 일상에서 만나는 실제 문제들을 디자인씽킹하여 메이커활동으로 풀어내는 경험을 하게 된다면, 단순 지식 암기가 필요를 다한 지금, 위기의 학교 교육에 큰 전환점을 제공할 것이다. 왜냐하면 도전 의식과 몰입 능력이 발달하는 가장 좋은 시기가 청소년기이고 무엇보다 메이커 활동은 재미있기 때문이다. 모든 청소년이 이 책을 통해 답이 보이지 않는 문제를 포기하지 않고 도전하는 멋진 체인지메이커로 성장하기를 진심으로 응원한다.

이 책은 청소년뿐만 아니라 누구나 지속가능한 미래를 만드는 체인지메이커가 될 수 있도록 해주는 우리 시대 꼭 필요한 삶의 지침서입니다. 쉽고 명확한 정의와 다양한 방법론을 통해 일상에서 직접 실행할 수 있도록 돕는 미래를 위한 혁신의 시작입니다.

한완희 (소셜벤처 빅워크 대표)

나의 청소년 시기에 이 책이 나왔더라면, 보급형 보청기 〈딜라이트〉와 쉐어하우스 〈WOOZOO〉의 창업 시기가 더 빨라지지 않았을까 생각이 된다. 대한민국엔 아직도 해결해야 할 문제들이 산재해 있다. 이 책을 통해 청소년들이 문제를 대할 때 '문제 불평자'에서 '문제 해결자'로서 변화되어 좀 더 살기 좋은 세상을 만드는 체인지메이커가 되길 바란다.

김정현 (소셜벤처 딜라이트&WOOZOO 대표)

지식적으로 많이 알더라도 이를 실제 실행하지 않는다면, 그것은 박제된 학습에 불과합니다. 이젠 모든 학생이 세상이 필요로 하고 미래에 지속가능한 학습을 배워야 합니다. 이 책은 세상을 바꾸고자 하는 청소년들과 교사들에게 사회 이슈에 대한 글로벌적인 관점과 실질적인 학습의 적용을 위한 방법론을 제공할 것입니다.

이원태 (함께일하는재단 부장)

머리말

세상을 바꾸는 체인지메이커

"공교육이 무너지고 있다." "학교가 사라진다." "교실이 엉망이다." "아이들의 미래가 보이지 않는다."

급격한 변화를 앞두고 미래 인재를 키워내야 할 학교에 대한 우려의 목소리가 높아지고 있다. 이 중 일부는 맞지만, 일부는 틀린 말이다. 학교에서도 변화에 대응해 교육의 패러다임을 바꾸는 실험이 한창이다. 미래를 준비하는 교실이 점차 늘어나고 있다. 그런 교실에는 예외 없이 미래형 교사가 있다. 필자가 EBS와 함께 '4차 산업혁명 시대의 미래 교육'에 대한 원격연수를 집단지성으로 개발할 때 참여했던 거의 모든 맴버가 현직 교사들이었다. 그분들의 미래에 대한 통찰과 기술에 대한 시선을 보며 입이 '떡' 벌어질 정도였다. 그런 교사들로부터 배움을 받은 학생들은 우리가 예전에 부르던 명칭으로는 도무지 설명이 안 되는 존재들이다. 영재, 천재, 모범생, 반장, 리더, 엘리트 등 그 무엇을 갖다 붙여도 부족하다.

우리는 이들을 '체인지메이커changemaker'라고 부른다. 체인지메이커는 자기 주변, 더 나아가 사회를 둘러싼 여러 문제를 찾아 스스로 해결하여 세상의 변화를 만들어내는 사람을 일컫는다. 그렇다고 혼자서 해결하는 것이 아니라 여러 명이 함께 머리를 맞대 최선의 결과를 만들어내는 것이다. 이러한 체인지메이커들은 문제에 깊이 공감하는 능력, 리더십, 팀워크, 책임감 등 다양한 능력을 갖추게 된다.

너무 거창하게 느껴지는가. 다음의 사례를 보자.

자신들이 다니는 초등학교 계단이 너무 가파르고 길어서 문제를 느낀 학생들이 있었다. 안전상의 문제도 있고 긴 계단을 올라야 하니 짜증도 나는 이 상황을 일단 전체 학생들과 공유한 뒤, 이를 해결하기 위해 머리를 맞댔다. 아이디어를 도출하고 각자 적성에 맞는 역할을 분담하여 문제를 해결하기로 했다. 계단 손잡이와 턱마다 센서와 회로를 연결해 계단을 오르내릴 때마다 음악이나 학교 소식이 나오게 하는 방식으로 문제를 해결했다. 이런 경험을 한 학생들은 이제 팀을 꾸려 마을 주변을 돌아다니며 해결할 문제가 있는지 찾고 있다. 이들을 체인지메이커라 부르지 않을 도리가 없다.

청소년 창업경진대회에서의 사례를 더 살펴보자. 교통사고 통계 중 졸음으로 인한 사고율 정보를 접한 어느 학생은 실제로 자신의 아버지가 트럭을 운전하는 데 늘 잠이 부족한 점을 인식하고 팀을 꾸려 프로젝트를 시작했다. 문제 상황의 원인과 과정, 동선을 분석한 끝에 운전자가 졸음이 오면 자세가 흐트러진다는 점에 착안하여 아이디어를 찾았다. 자세가 흐트러질 때 운전 시트에 가해지는 몸의 무게 압력 균형치가 바뀐다는 것을 발견하고 압력에 반응하는 센서를 촘

촘하게 연결한 시트를 만들어 냈다.

　이런 움직임은 지구 전체에서 일어나고 있다. 16세의 소년은 바다에 수영하러 갔다가 바닷물에 물고기보다 비닐 쓰레기가 더 많은 장면을 보고 충격을 받았다. 이후 바다에 버려지는 비닐과 플라스틱 쓰레기 문제에 관심이 있고, 비슷한 생각을 하는 사람들을 모았다. 그러면서 생각했다. 이전까지 우리의 사고방식은 바다의 쓰레기를 치울 수는 없으니 그저 버리지나 말자는 식의 소극적 대응이었다. 하지만 바다에 떠다니는 플라스틱 쓰레기는 더 많아지고 또한 이것들이 잘게 분해되어 생태계를 파괴하고 있음을 알게 되었다. 행동에 나서기로 결심한 이들은 물론 '혼자'가 아니라 '함께'였다. 태평양의 플라스틱 쓰레기는 해류를 타고 이동하는데, 해류의 움직임을 전방위적으로 분석해 보았더니 태평양에 해류를 타고 플라스틱이 대거 모이는 5곳을 찾아냈다. 그곳에서 집중적으로 쓰레기를 수거할 수 있는 장비와 기술을 만드는 프로젝트를 시작했다. 이것이 성공한다면 과거 방식으로 79,000년 걸리는 수거 작업을 20년 안에 끝낼 수 있다.

　온라인을 통해 국경이 따로 없이 모두가 연결된 세상을 살고 있다. 문제를 발견하고 해결하기 위해 우리나라와 외국의 청소년들이 끊임없이 정보를 공유하고 연대하며 함께 행동하고 있다. 이들이 모이는 공식적인 행사가 있는데 바로 '메이커 페어'다. 전 세계의 메이커들이 모이는 것이다. 쉽게 말하면 무엇인가를 만들어 문제를 해결하는 사람들이다.

체인지메이커들의 문제 해결을 위한 접근 방식과 과정은 기존 교육의 패러다임으로는 접근이 쉽지 않다. 메이커들의 수많은 문제 해결의 과정을 살펴보면 공통점이 존재한다. 문제를 찾고, 공감하며, 핵심을 도출하여 창의적인 아이디어를 치열하게 꺼낸 뒤에 이를 해결하는 과정에서 '메이커'로서 역할을 한다. 우리는 이러한 메이커들의 사고과정을 '디자인씽킹'이라고 부른다. 메이커들이 함께 모여 디자인씽킹으로 주변과 세상의 문제를 해결하고 있다.

이것이 미래 교육의 핵심이다. 이들은 세상의 변화를 만들어가고 있다. 학교 앞 하천의 쓰레기와 악취 문제를 해결하는 학생들부터 태평양의 플라스틱 쓰레기를 해결하는 청년까지 이들이 우리 지구의 미래다. 이들로 인해 우리 삶과 지구의 역사는 작고 큰 변화들을 만들어가고 있다.

하지만 모든 이들이 미래 교육을 받을 수 있는 것은 아니다. 현실적으로 교육 기회의 격차가 존재한다. 이른바 '마태효과'에 가깝다. 성서 마태복음에 등장하는 사례인데 달란트, 즉 자신의 소질과 재능을 알고 활용하는 사람은 지속적으로 더 성장하는 반면, 그것을 모르고 재능을 땅에 묻고 그저 머무르기를 바라는 사람은 결국 있던 재능마저 빼앗기는 상황에 부닥친다는 이야기다. 그 격차를 줄이는 데 이 책이 작은 보탬이 되기를 바라는 마음으로 썼다.

이 책을 쓰는 데 영감을 불어넣어 준 유메이커스의 성기철 대표에게 감사를 드린다. 메이커 교육을 연구할 수 있도록 기회를 준 한양대학교 사회혁신센터에도 고마움을 전한다. 필자의 거의 모든 책을 도맡아 펴내 준 미디어숲 김영선 대표와 필자의 글을 오랜 세월 변함없이 읽고 교정해준 이교숙 편집장의 따뜻한 배려도 잊을 수 없다. 많은 이들의 노력으로 만들어진 이 책이 이 땅의 청소년이 체인지메이커로 성장하는 데 미약하나마 씨앗이 되기를 꿈꿔 본다.

대표 저자 김승

◇ 차례

1강 체인지 스쿨

메이커 시대, 세상을 바꾸는 사람이 되라

2강 디자인씽킹 스쿨
문제를 해결하는 사람들의 사고법

3강 메이커 스쿨
상상하면 무엇이든 만들 수 있는 시대

4강 문제 해결 실전 스쿨
어떤 문제든 창의적으로 해결한다

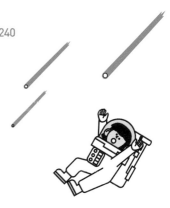

휴버트

차분하고 책임감과 상황 판단 능력이 뛰어나며, 정신적으로 성숙하다. 단점이 있다면 남에게 싫은 소리를 잘 못 하며 우유부단한 면이 있다. 하지만 문제 상황을 만나면 만능 3D프린터를 이용하여 상황에 맞는 적절한 도구를 만들거나 수리할 수 있다.

엘리

발랄하고 엉뚱하며 열정적이고 감동을 쉽게 받는 성격이다. 반면 감정 기복이 심하고, 말이 많으며 지나치게 즉흥적이다. 배가 고프면 아무것도 못 하는 치명적 단점을 가지고 있다. 하지만 상대방과의 공감 능력을 극대화하는 마인드 스캐너를 통해 상대방의 심리를 읽는 특기가 있다.

유진

관찰력이 뛰어나고 이성적이다. 구체적인 데이터를 신뢰하며 분석적이고 깔끔한 것을 좋아한다. 하지만 의심이 많고 계산적이며 공감 능력이 다소 부족하다. 드론을 잘 다루며 이를 통해 정보를 수집하고 프로파일링을 할 수 있다.

조

리더십이 강하고 도전적이며 모험심이 많다. 고쳐야 할 점도 있는데 고집이 세고 한 번 화를 내면 통제가 어렵다. 일을 벌여 놓고 뒷마무리가 약하다. 이미 뛰어난 체력을 갖고 있지만, 원더 슈트를 입으면 더 강력한 힘을 발휘할 수 있다.

마티나

원더호의 대원이면서 슈퍼컴퓨터 역할을 하는 마티나는 인공지능 로봇이다. 인간의 감성을 파악하는 센서 기술력으로 인해 썰렁한 농담까지 한다. 주로 대원들이 문제를 해결하는 과정에 조력자 역할을 한다. 단점이 있다면 지구에서 데이터를 정기적으로 업데이트하는 시간에는 대기모드로 바뀌고 때로는 그 시간이 꽤 오래 걸리기도 한다. 이는 지구의 정보 발전 주기가 매우 짧아져서 거의 매일 새로운 기술혁명이 일어나기 때문이다. 마티나는 '세븐틴 하트Seventeen Heart'를 모두 모으면 특별한 기능을 가진 로봇으로 진화하도록 설계되어 있다.

프롤로그

2060년, 지구의 지속가능발전목표가 성공적으로 완료되었다. 물론, 애초에 계획했던 기간보다는 더 오래 걸렸다.

지속가능발전목표, 즉 SDGs는 'Sustainable Development Goals'의 머릿글자를 따서 만든 것이다. 끝에 's'가 붙은 것은 전부 17개의 목표여서 복수형으로 붙여졌다. 목표 완료를 기념하기 위하여 국제연합UN은 '원더호'에 4명으로 구성된 주니어 스카우트를 보낸다. 이들은 우주를 여행하며 지구에서 만들어 낸 결과들을 다른 행성과 공유한다. 앞으로 대원들은 6개의 행성을 여행하며 각 행성에서 일어나는 사회적·환경적·물리적 문제들을 관찰하면서 각 행성에서 문제를 해결해 나가는 모험을 시작할 예정이다.

"안녕하세요, 휴버트. 다시 만나서 반갑습니다. 원더호의 대원으로 최종 선발된 것을 진심으로 축하드립니다. 제가 누구인지는 이미 알고 있죠? 이번 우주여행을 함께할 인공지능 컴퓨터 '마티나'입니다."

마티나와 대원들은 이미 우주여행 훈련과정에서 알고 지내는 사이다. 대원 4명은 각각 개성이 뚜렷하다. 마티나는 원더호의 대원이면서 슈퍼컴퓨터 역할을 하는 인공지능 로봇이다. 대원들을 인솔해 멋지게 임무를 완수할 예정이다.

"우와! 우리가 드디어 원더호에 탑승했어!"

"안녕하세요. 대원 여러분. 원더호에 오신 것을 환영합니다."

"마티나, 그런데 이 모니터는 뭐지?"

"'세븐틴 하트' 기록 모니터라고 합니다. SDGs 17개 중에서 훌륭하게 해결된 명제에는 '세븐틴 하트' 기록 모니터에 불이 들어옵니다. 지구에도 신호가 보내져 여러분이 임무를 잘 수행하고 있음을 알립니다. 앞으로 만나게 될 행성 6개는 지구와 비슷한 문제를 안고 있으니, 데이터베이스에 저장된 지구의 SDGs 데이터를 바탕으로 문제점을 발견하고, 힘을 합쳐 해결해 보기 바랍니다."

"네 알겠습니다."

모두 한목소리로 자신 있게 대답했다. 그 순간 대원들은 얼굴에 미소를 가득 머금고 번갈아 가며 쳐다보았다. 서로에 대한 믿음이 가득한 상태랄까. 그들은 서로를 바라보면서 마음속으로 이런 말을 주고받았다.

'지금 마티나가 한 말 전부 다 이해하는 거지?'

'나는 지구에서의 SDGs 경험에 대한 기억이 조금 가물가물한데, 너는 다 기억하지?'

'설마 까먹은 건 아니지? 괜찮아. 우리가 까먹어도 마티나가 다 기억하고 있겠지, 뭐.'

'그런데 SDGs가 정확히 뭐였더라. 17개라고 했는데 다 알고 있어?'

선진국에 사는 사람들 가운데 20%가 세계 자원의 86%를 소비하고 있다.
"지구에 있는 모든 사람이 만약 당신처럼 산다면 지구가 몇 개 필요할까?"
생태발자국을 보면 한 사람 한 사람이 지구에 얼마나 많은 흔적을 남기는지,
자연에 얼마나 많은 영향을 미치는지를 알 수 있다.
생태발자국이 크면 클수록 환경에 해로운 영향을 미친다는 것을 의미한다.

체인지 스쿨

메이커 시대,
세상을 바꾸는 사람이 되라

원더호 탑승 1년 전.

원더호 우주여행과 우주 공간의 문제 해결을 위한 주니어 탐사대 프로젝트
는 몇 년 전부터 차근차근 진행되었다. 까다로운 선발 과정을 거친 대원들
은 1년 가까이 훈련을 받아야 했다. 훈련은 3개의 과정으로 구성되었는데,
이를 체인지스쿨, 디자인씽킹스쿨, 그리고 메이커스쿨이라고 불렀다. 첫 번
째는 SDGs를 배우는 학교, 두 번째는 문제 해결의 기술을 배우는 아이디
어 훈련 학교, 마지막 과정은 아이디어와 기술을 결합하여 변화를 만들어내
는 메이커Maker 학교다.

SDGs는 다소 생소한 지식이기에 처음엔 모든 교육이 낯설고 어려웠다. 하
지만 대원들은 특유의 패기와 열정으로 끊임없이 질문을 던지면서 한 단계
씩 성장해 갔다. 이 과정에서 대원들은 문제 해결을 위한 씽커Thinker이면
서 변화를 만들어내는 메이커Maker로 변화했다.

첫 번째 과정인 SDGs를 배울 때 시작부터 벽에 부딪혔다.

"SDGs가 뭐야? 이런 걸 꼭 배워야 할까?"

"맞아, 우주에 대한 지식과 우주 생존을 위한 훈련을 받았으면 된 거 아닌가?"

"그래도 궁금하긴 하다. 우리는 우주여행을 하러 가는 게 아니라, 우주 행성
의 문제를 지구에서의 경험을 바탕으로 해결하는 게 목적이잖아."

일단 용어부터 어렵다. SDGs는 처음 보는 영어다. 단어의 앞 글자를 딴 것
일까. 아니면 새롭게 만들어진 단어일까. 다행히도 우주 훈련 때부터 친숙

해진 마티나가 대원들을 돕기 위해 과정에 참여했다.

"처음이라 낯선 게 당연합니다. 그러나 학습을 시작하면 완전히 생소한 단어는 아니라는 걸 알게 될 거예요. 일단 중요한 것은 SDGs에 대한 궁금증을 모두 꺼내 보세요. 여러분이 질문하고 그 질문으로 학습 목차를 만들어 궁금증을 해결해 나가는 것이 좋겠습니다."

대원들은 다양한 질문을 전자칠판에 입력했다. 그것은 곧바로 문자로 인식되어 화면에 가지런히 정돈되었다.

"SDGs가 도대체 뭘까?"

"SDGs, 이거 발음을 어떻게 해야 하는 거야? '쓱'인가?"

"SDGs를 검색해 보니까 '지속가능발전목표'라고 나오던데 이건 또 무슨 말일까?"

"SDGs는 어느 나라에서 만든 것일까? 우리나라도 지속가능발전목표가 있을까?"

"언제 어디서 이 용어가 처음 사용되었을까?"

"검색해 보니까, 세계 여러 나라가 무슨 약속을 한 것 같은데 구체적으로 무슨 약속을 했을까? 환경보호를 위한 약속만 했을까?"

"전 세계의 모든 나라가 SDGs를 정말 다 알고 있을까? 선진국 몇 개 나라만 하는 것은 아닐까?"

"국가를 운영하는 정부만 알면 되고, 국민은 몰라도 되는 걸까?"

"SDGs를 위해 나 같은 개인도 뭔가를 해야 할까?"

질문이 화면에 모두 뜨고, 잠시 후 마티나는 그 질문들 중에서 겹치는 내용
과 언어를 결합하고 다듬어서 여섯 개로 정리했다. 그 자체로 SDGs를 배우
는 학습 목차가 완성되었다.

☑ SDGs, 즉 지속가능발전목표라는 말은 무슨 뜻일까? [개념]

☐ SDGs란 말은 언제 처음 사용되었을까? [배경]

☐ SDGs를 위해 세계는 어떤 약속을 했을까? [내용]

☐ SDGs의 약속을 지키지 않는다면 어떻게 될까? [중요성]

☐ SDGs를 나와 같은 개인도 실천할 수 있을까? [참여]

☐ SDGs를 위해 실제 노력한 경험이 있을까? [사례]

도대체 SDGs가
무슨 뜻일까

"지속가능발전목표SDGs란, 지속, 가능한, 발전, 목표를 세운 것 아닐까?"

한 대원의 썰렁한 유머에 어이없어하면서도 다들 말없이 눈만 멀뚱거렸다. 화면에 과제가 떠올랐다. 동시에 마티나가 말했다.

"예전에는 당연했던 환경 자원이었지만, 이제는 마음대로 사용하지 못하는 것을 찾아보세요."

예시 화면에는 사람들이 마음껏 맑은 공기를 마시며 행복해하고 머리 위로는 파란 하늘이 펼쳐져 있는 모습과 많은 사람이 마스크를 착용한 채 거리를 걷는 모습이 보인다. 미세먼지가 잔뜩 낀 하늘도 보인다. 대원들은 뭔가 실마리를 얻은 듯한 표정이다. 대원들은 서로 쳐다보더니 과거에는 당연했지만, 지금은 마음껏 사용하지 못하는 것에 관해 이야기했다.

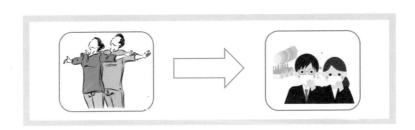

"마티나의 질문을 다르게 표현하면 '지속하지 않게 되었다'는 뜻이 아닐까?"

"맞아, 예전에 자유롭게 마시던 공기를 이제는 마음껏 마실 수 없어."

핵심을 제대로 파악했다. 화면에 2개의 빈칸이 등장했다. 왼쪽에 태양 이미지가 이미 들어 있다. 토론을 통해 오른쪽 빈칸에 이미지 또는 기호를 넣으면 된다.

"조금 어려운걸. 태양은 예전에도 있고 지금도 있잖아."

"아까 보았던 공기도 없어지지는 않았어. 단지 오염되었을 뿐이지."

"맞아. 그리고 보니 태양광선도 요즘에는 직접 맞으면 위험하다고 들었어!"

"나도 들었어. 그런데 왜 그렇지? 왜 태양광선이 지속 가능하지 않게 된 거지?"

한참 열띤 대화를 나누다가 갑자기 조용해졌다. 배경지식이 바닥난 것이다. 일단 주어진 문제를 풀어가기 위한 핵심을 파악한 것은 큰 성과다. 마티나는 잠시 기다렸다가 화면에 간단한 그림 하나를 그렸다. 2개의 그림을 그렸는데, 너무 단순하게 그려서 대원들은 무슨 그림인지 금방 이해했다.

첫 번째 그림에는 태양이 있고, 지구가 있으며, 지구 표면을 둘러싼 선 하나를 그린 뒤 태양으로부터 지구로 오는 선 하나가 지구 표면을 둘러싼 그 선에 도착하자 튕겨 나가는 그림이다. 두 번째 그림 역시 같은 그림이지만 지구 표면을 둘러싸고 있던 선에 구멍이 하나 나 있다. 그리고 태양으로부터 온 선이 그 구멍으로 통과하여 지구 지표면까지 도착하는 그림이다. 너무 그림을 쉽게 잘 그리자, 보고 있던 한 대원이 감탄사를 내뱉었다.

"오오!"

"그래 맞아. 오… 오존! 오존층이야! 오존층이 뚫린 거야." 대원 중 한 명이 감탄사를 듣고 힌트를 얻어 오존층이라고 답했다.

"예전에는 오존층에 구멍이 없었어. 그래서 자외선이 지구로 올 수 없었겠지. 그런데 오존층에 구멍이 생기면서 자외선이 우리에게 온 거야. 그래서 태양광선을 마음껏 쐴 수 없게 된 거야."

대원들은 점차 '지속 가능하다는 것'의 뜻을 깨달아 갔다. 안타깝게도 우리는 뭔가를 잃었을 때 비로소 그것의 소중함을 깨닫는다.

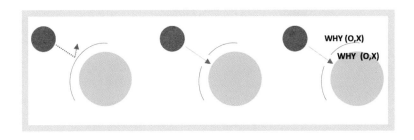

마티나는 그림에서 뚫린 오존층 구멍의 안쪽과 바깥쪽에 각각 'Why'라는 글자를 써 주었다. 그리고 글자 옆에 O, X를 표시하게 했다. 오존층에 구멍이 뚫린 것은 오존층 바깥, 즉 지구 바깥쪽 우주의 문제 때문일까? 아니면 오존층 안쪽 문제, 즉 우리 인간으로 인한 지구의 문제 때문일까? 이를 물어보는 것이다.

"지구 안쪽의 문제 때문인 것 같아."

"자세히는 모르지만, 왠지 내 마음이 쪼그라들면서 우리 때문인 것 같은 느낌이 들어."

과제를 해결하자 하나의 과제를 또다시 줬다. 이번에는 2개의 빈 칸이 모두 비어 있었다. 지속할 수 없는 상황을 파악해서 지속 가능성의 중요성을 이해한다는 학습 목표를 이제 충분히 이해했기 때문에 같은 방식으로 빈칸 2개를 채우는 과제다. 대원들은 토론 뒤에 뒤에 첫 번째 빈칸에 약숫물 이미지를 그려넣었다. 그리고 두 번째 네모 상자에는 생수병을 그렸다. 우리가 마음껏 사용하고 마시던 물 역시 지속 가능하지 않아, 이제는 물을 사서 마시게 되었다는 상징적 표현이다.

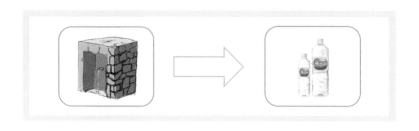

이쯤 되면 지속 가능하다는 것의 개념을 이해했다. 마지막 단계가 남았다. 바로 개념을 언어로 정리하는 것이다. 그래야 명확해지고, 개념 혼동이 일어나지 않는다.

마티나는 화면에 만화 컷을 보여 주었다. 그런데 만화의 뒷부분이 빈 칸이다. 만화의 내용은 아빠, 삼촌, 그리고 주인공 민수가 함께 낚시를 간 상황이다. 민수는 아빠와 삼촌이 잡은 물고기 수를 세어 보았다. 아빠보다 더 많이 잡은 삼촌이 잘난 척을 하자, 아빠는 지속 가능한 발전에 대해 말해주었다.

"역사 이래 우리 인간은 자연을 이용해 발전해 왔단다. 인간은 자연을 마음껏 소유하고 지배해도 된다고 생각했어. 현대 물질문명 사회는 바로 이런 '인간이 세상의 중심'이라는 생각 위에 세워진 거야. 하지만 그 결과, 1960년대 이후 대규모 환경오염이 발생했고, 그 피해는 고스란히 사람들에게 돌아왔지. 그제야 사람들은 깨달았어. 경제개발만큼 환경보전도 중요하다는 것을 말이야. 그래서 '지속가능발전'이란 개념이 등장한 거야. 개념을 풀어보자면…."

내용은 어느 정도 이해했지만, 그것을 언어로 정리하는 것은 높은 차원의 과제다. 학생들은 나름의 아이디어와 키워드를 모아, 각자의 언어로 정의를 적었다. 이후 마티나는 학생들의 발표 내용 중 가장 핵심에 근접한 내용을 찾고, 부분적으로 언어를 보충하여 화면에 보여 주었다.

"지속가능발전이란, 미래 세대에게 필요한 자원을 고갈시키거나 그들의 여건과 능력을 저해하지 않으면서 현재를 살아가는 사람들이 경제, 사회, 환경, 문화 분야에서 다양한 발전을 추구하는 일을 말합니다."

지속 가능성이라는
용어의 탄생

SDGs는 어떤 배경에서 나오게 되었을까. 앞서 '대규모 환경오염'이 있었다고 했는데, 구체적으로 어떤 사건이었을까? 지속가능발전목표의 배경을 이해하기 위해서는 구체적인 몇 가지 사건을 알아보아야 한다. 마티나는 대원들에게 두 가지 사건에 대한 자료조사 과제를 주었다. 마티나가 제시한 사건 2개는 '런던 스모그 사건'과 '일본 미나마타병 사건'이다. 대원들은 정보검색을 통해 자료를 조사한 뒤 각각 내용을 번갈아 가며 발표했다.

런던 스모그 사건은 일명 '그레이트 스모그Great Smog 사건'이라고도 하는데, 1952년에 런던에서 발생했다. 사상 최악의 대기오염으로 1만 명 이상이 사망했다. 이 사건은 전 세계에 환경오염에 대한 경각심을 일깨우는 계기가 되었고 환경운동에 큰 영향을 미쳤다. 영국 의회는 이 문제에 대한 대책으로 1956년 청정대기법Clean Air Act을 제정했다.

당시 상황을 자세히 살펴보면, 1952년 12월 5일부터 12월 10일까지 고기압이 영국 상공을 덮어, 그 결과 차가운 안개가 런던을 뒤덮었다. 평소보다 추운 날씨에 런던 시민들은 평소보다 많은 석탄을 난방에 사용했다. 그 무렵, 런던의 지상 교통이 전차에서 디젤 버스로 전환

되었다. 그리하여 직사광선이나 화력 발전소, 디젤 차량 등에서 발생하는 아황산가스, 이산화황 같은 대기오염물질이 차가운 대기에 체류하게 되었다. 당시 런던 동부의 공업 지대와 항만 지역에서는 자신의 발밑도 보이지 않을 정도였다. 건물 내부까지 스모그의 영향으로 영화관에서는 "무대와 스크린이 보이지 않는다"는 이유로 공연과 상연이 중단되었다. 주택에도 스모그가 침투해 사람들은 눈이 아프고, 목과 코도 안 좋아져 기침이 멈추지 않았다. 큰 스모그가 발생한 날이면 일주일 넘게 병원에 기관지염, 기관지 폐렴, 심장질환 같은 중병의 환자가 넘쳐났고, 그해 겨울엔 다른 해보다 4,000명 이상의 사람이 죽은 것으로 밝혀졌다. 죽은 이들은 대다수가 노인, 어린이, 만성질환 환자였다. 그 후 몇 주간 8,000명 이상이 사망해 총 사망자는 12,000명이 넘었다.

일본의 미나마타병은, 1950년대 초 일본 구마모토현의 작은 어촌 도시인 미나마타 시에 사는 주민들이 원인을 알 수 없는 중추신경 마비 증세에 시달린 사건이다. 처음에는 보행이 불편하다가 차츰 증세가 심해져 사지가 뒤틀리며 전신 마비가 왔다. 시력이나 청력도 감퇴하는 한편 언어 장애와 지능 장애, 발작 증상, 사시, 발육 장애 현상까지 나타났다. 신생아는 뇌성마비 증세가 나타났다. 집단으로 발병한 미나마타병이 공식적으로 발견된 것은 1956년의 일이다. 그로부터 3년 후 구마모토대학교 연구팀에 의해 수은 중독이 원인이라는 사실이 밝혀졌다.

미나마타 시에는 신일본질소주식회사(줄여서 '칫소')의 공장이 자리 잡고 있었는데, 플라스틱을 만들 때 촉매로 사용하는 수은을 1950년 무렵부터 근처의 바다로 흘려 내보낸 것이다. 메틸수은의 성분은 물속에 사는 동물성 플랑크톤과 어패류들을 오염시켰는데, 먹이사슬을 통해 인체 내에까지 축적되어 수은 중독 현상을 일으켰다.

영국 스모그 사건 전경　　　　일본 미나마타병 사건 박물관

마티나는 화면에 세계적인 환경오염 사건들을 추가로 제시했다.

•수질오염 사건

영국 템스강 수질오염 사건 / 일본의 이타이이타이병 사건 / 스위스 레만 호의 합성세제 사건 / 일본의 미나마타병 사건 / 스위스 바젤의 유독성 물질 사건 / 제임스강 살충제 오염 사건

•대기오염 사건

벨기에 뮤즈 계곡 대기오염 사건 / 영국 런던의 스모그 사건 / 일본의 요카이치시 공해 사건 / 인도 보팔의 유독 가스 누출 사건 / 미국 로스앤젤레스 스모그 사건 / 이탈리아 유독성 물질 유출 사건 / 멕시코시티 대기오염 사건

•토양오염 사건

아프리카 사헬 지방의 사막화 / 베트남 전쟁 때 고엽제 사건 / 미국 러브커넬 유독성 화학 물질 사건 / 미국 타임스 비치의 다이옥신 사건 /

•약물 오염 사건

미국 알라모골드 수은화합물 사건 / 미시간 주의 유독성 물질 사건 / 체코의 블루베이비 질산염 사건 / 일본의 가네미유 사건 / 살충제 디디티에 의한 사건 / 원진레이온 공장의 이황화탄소 사건

•방사능오염 사건

러시아 체르노빌 방사능 유출 사건 / 브라질 고이아니아의 방사능 사건 / 미국 스리마일의 방사선 누출 사건 / 원자폭탄의 피해 사건

•해양오염 사건

아모코카디즈호 기름 유출 사건 / 액손발데즈호 기름 유출 사고 / 토레이캐논호 기름 유출 사건 / 걸프전에 의한 해양오염 사건

•기타 환경오염 사건

댐으로 인한 세계적인 피해 / 이집트 나일강의 아스완댐 사건 / 코코 항의 산업폐기물 사건 / 베이온트댐으로 인한 산사태 사건 / 환경호르몬으로 인한 피해 / 산성비로 인한 피해 / 황사로 인한 피해 / 오존으로 인한 피해

　　이러한 대형 환경오염 사건이 일어나면서 결국 세계연합 UN에서는 1972년 'UN 인간환경회의'를 통해 "환경을 고려하지 않은 개발은 지속 불가능하다."라고 하며 '지속 가능성'에 대한 용어를 사용하기 시작했다. 이후 1992년 'UN 환경개발회의'에서는 지속 가능한 개발과 환경보전에 대한 합의를 이루었으며, 경제·사회·환경의 균형 발전으로 그 개념이 확장되었다.

전 세계가 참여한
중요한 약속

전 세계는 어떻게 SDGs의 17개 목표를 약속할 수 있었을까. 그리고 구체적으로 어떤 약속을 했던 것일까.

SDGs의 17가지 목표

목표 1. 모든 국가에서 모든 형태의 빈곤 종식

목표 2. 기아의 종식, 식량안보 확보, 영양 상태 개선 및 지속 가능 농업 증진

목표 3. 모든 사람의 건강한 삶 보장과 웰빙 증진

목표 4. 모든 사람을 위한 포용적이고 형평성 있는 양질의 교육 보장 및 평생교육 기회 증진

목표 5. 성평등 달성 및 여성·여아의 역량 강화

목표 6. 모두를 위한 식수와 위생 시설 접근성 및 지속 가능한 관리 확립

목표 7. 모두에게 지속 가능한 에너지 보장

목표 8. 지속적·포괄적·지속 가능한 경제 성장 및 생산적 완전고용과 양질의 일자리 증진

목표 9. 건실한 인프라 구축, 포용적이고 지속 가능한 산업화 진흥 및 혁신

목표 10. 국가 내·국가 간 불평등 완화

목표 11. 포용적인, 안전한, 회복력 있는, 지속 가능한 도시와 거주지 조성

목표 12. 지속 가능한 소비 및 생산 패턴 확립

목표 13. 기후변화와 그 영향에 대처하는 긴급 조치 시행

목표 14. 지속 가능 발전을 위한 해양·바다·해양자원 보존과 지속 가능한 사용

목표 15. 육지 생태계 보호와 복구 및 지속 가능한 수준에서의 사용 증진 및 산림의 지속 가능한 관리, 사막화 대처, 토지 황폐화 중단 및 회복 및 생물 다양성 손실 중단

목표 16. 지속 가능 발전을 위한 평화적이고 포괄적인 사회 증진과 모두가 접근할 수 있는 사법제도, 모든 수준에서 효과적·책무성 있는·포용적인 제도 구축

목표 17. 이행 수단 강화 및 지속 가능 발전을 위한 글로벌 파트너십 재활성화

대원들은 17개의 목표를 읽고 핵심 단어를 찾아보았다. 빈곤, 기아, 건강, 교육, 성평등, 식수, 에너지, 일자리, 사회기반시설, 불평등, 도시와 거주지, 생산과 소비, 기후변화, 수자원, 생태계, 평화, 국제협력 등이다.

SDGs를 구체적으로 알아가는 과정에서 대원들은 한 가지 의문을 가졌다. 17개의 내용을 보면 그야말로 전 세계 보편적 인류의 삶과 환경을 함께 보호하고 관리하며 발전시키는 내용이 많다. 그런데 정말 모든 나라가 이런 내용을 알고 있을까. 말로만 그치는 그저 선언적인 회의가 아닐까 하는 의심도 있었다. 이러한 의문은 매우 중요하다. 정말로 세계 대부분 국가들이 함께 노력한다는 것을 알게 되면, 그만큼 SDGs의 중요성을 크게 받아들이고 각 사람이 실천에 농참할 동기기 생기

기 때문이다. 물론 그 반대의 경우에는 실천 의지가 떨어질 게 분명하다. 이 부분에 대한 학습을 위해 마티나는 정보를 활용하여 뉴스 기사를 찾아 흥미로운 활동을 제시했다.

화면에 6개의 이미지가 있고 그 이미지 옆에 뭔지 모를 숫자가 있다. 각 이미지는 대원들이 아는 것도 있고 모르는 것도 있다. 가장 눈에 띄는 이미지는 월드컵 트로피다. 그리고 올림픽을 상징하는 오륜기도 반가운 이미지다. 나머지는 도통 알 수 없는 깃발들이다. 각 이미지 옆에 숫자를 보니 월드컵 트로피 옆에 211, 올림픽 오륜기 옆에 206이 적혀 있다. 한 대원이 바로 눈치를 채고 외쳤다.

"올림픽 참가국은 206개 나라이고, 월드컵 참가국은 211개 국가입니다."

그렇다면 나머지 깃발과 숫자는 뭘까. 195, 201, 204, 249 이렇게 수수께끼 같은 4개의 숫자가 문제였다. 대원들이 갈피를 잡지 못하고 있을 때 마티나가 힌트를 주었다. 화면에 6개의 질문이 등장했다. 질문과 아이콘 및 숫자를 연결하면 되는 것이다.

"과연 전 세계의 수많은 나라 중 주변으로부터 국가로 인정받는 나라는 몇 개일까?"

"그중에서 정식으로 주권국가라고 인정받는 나라는 몇 개일까?"

"전 세계가 통용하는 국제 표준화기구 ISO 기준으로는 몇 개 나라가 있을까?"

"전 세계 나라 중 올림픽에 참가하는 나라는 몇 개일까?"

"전 세계 나라 중 월드컵에 출전하는 나라를 몇 개일까?"

"그렇다면 유엔 회원국은 몇 개 나라일까?"

결국 가장 필요한 질문은 6번째다. SDGs의 내용을 이해하고 함께 동의한 유엔 회원국이 몇 나라인지 확인하는 것이다. 그러기 위해서는 전 세계적으로 몇 개의 나라가 있는지부터 알아야 하고, 결과적으로 전 세계 대부분의 나라가 SDGs에 동참한다는 결론에 이르는 것이다. 이것이 바로 마티나가 설계하고 의도한 수업방식이었다.

"지구상에 얼마나 많은 나라가 있는 걸까?

물론 이 숫자는 고정된 것이 아니다. 없어지는 나라도 있고, 독립하여 새로운 나라가 등장하기도 한다. 올림픽과 월드컵 참가국은 달라지기 쉽고, 유엔 회원국도 마찬가지다. 대원들은 화면에 제시된 정보 출처를 함께 살펴보고 이미지와 숫자를 질문과 연결해 보았다. 우선 가장 궁금한 것은 지구상에 있는 나라가 몇 개나 될까 하는 것이다.

정식은 아니더라도 최소한 일부 국가들로부터 국가라고 인정받는 나라는 201개라고 한다. 그리고 사실상의 주권국가는 204~207개고 이 중 올림픽에 정식 국가로 참가하는 국가는 206개이다. 그리고 월드컵에 출전하는 국제축구연맹FIFA에 가입된 국가는 211개나 된다고 한다.

월드컵의 인기를 실감할 수 있다.

한편 국제 표준화기구ISO의 국가 약호 목록에는 무려 249개 국가가 등록되어 있다. 유독 표준화 약호에 국가 수가 많은 이유는 해외 식민지, 무인도, 심지어 남극대륙까지 포함하기 때문이다.

그렇다면 유엔에 가입된 회원국은 몇 개나 될까. 정확히 따지자면 유엔 정회원국은 193개다. 여기에 참관 회원국으로서 바티칸 교황청과 팔레스타인이 포함되어 195개를 유엔 기준의 주권국가라고 한다. 그렇다면 적어도 유엔에서 함께 결정한 SDGs는 거의 전 세계 모든 주권국가들이 참여하고 동의하며 실천하기로 약속했다는 것이다.

지구의 문제는
우리의 문제

어쩌면 지구상의 수많은 사람은 지속가능발전목표SDGs란 용어를 들어보지도 못했을지 모른다. 이러한 한계를 극복하기 위해 2016년부터 지속가능발전목표SDGs 17개를 유엔의 주도하에 전 세계가 약속하고 시작한 것이다. 그렇다고 모두가 똑같은 열정으로 참여하기는 쉽지 않다. 그리고 '나 하나쯤이야' 하는 생각이 들 수도 있다.

'각 나라는 각각의 국경과 국토를 가지고 있는데 SDGs를 실천하거나 하지 않는 것을 어떻게 확인할까?'

'실천하는 나라가 있고, 실천하지 않는 나라가 있다고 했을 때 그 결과가 과연 서로에게 영향을 미칠까?'

화면에 3개의 그래프 이미지가 보였다. 그런데 이 그래프가 어떤 내용을 담고 있는지는 모른다. 2개는 그래프가 올라가는 상승곡선이고 1개는 하향곡선이다. 마티나는 3개의 주제를 순서와 무관하게 보여 주었다. 북극 해빙 면적, 해수면 변화, 세계 온도 변화. 각 그래프에 어울리는 제목을 찾아 붙인 뒤 그래프 3개의 순서를 만들어 그 흐름을 설명하는 미션이 주어졌다. 그리고 설명하는 과정에 '지구온난화'라는 단어를 사용하고 그 의미를 설명해야 한다. 대원들은 이리저리 순서를 만들어 의미를 조합해 보았다. 최종적으로 가장 그럴싸한 조합을 찾아냈다.

"지구와 세계의 온도가 올라가니, 북극의 얼음이 녹아 해빙 면적이 줄 어들게 됩니다. 거대한 얼음이 녹으면 당연히 바다의 해수면이 상승 하게 됩니다." 여기서 첫 번째 그래프인 지구와 세계의 온도가 올라가 는 것의 원인으로 지구온난화를 설명했다.

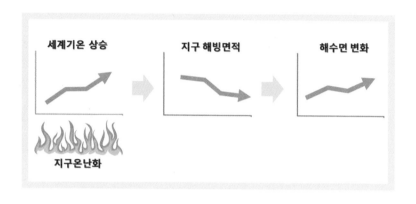

"이러한 현상의 출발은 바로 지구온난화Global Warming 때문입니다. 지구온난화에 관해 설명해 볼게요. 지구의 지상 평균 기온은 약 15℃ 로 유지되도록 태양으로부터 받은 복사에너지에 의해 조절되고 있습니 다. 그러나 지난 20년 동안 0.5℃ 기온 상승이 있었고 21세기 중반에 는 1℃로 기온 상승이 예상됩니다. 지구온난화는 인간의 활동으로 인 해 대기 중으로 배출되는 이산화탄소, 축산폐수 등에서 발생하는 메탄, 과용되는 질소 비료의 여분이 분해되면서 발생하는 아산화질소 등 소 위 온실가스들이 대기로 들어가 잔류하면서 그들의 온실효과로 대류 권 기온이 상승하는 현상입니다." 설명을 듣고 마티나가 물었다.
"지구의 온도 상승은 특정한 어느 몇 나라만의 잘못으로 나타난 현상일 까요?"

"정도의 차이는 있겠지만, 어느 나라의 잘못이라기보다는 전 세계 나라와 사람들이 지구의 온도를 높이는 활동을 해왔고, 누적되다 보니 이렇게 된 것 같습니다." 답변을 듣고 마티나가 또 질문했다.

"지구의 환경을 위한 SDGs 목표는 어느 몇 나라만 노력하면 되는 것일까요?"

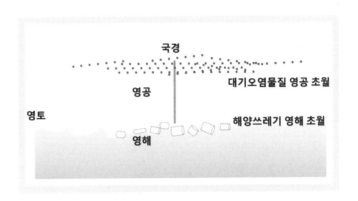

"절대 그렇지 않은 것 같아요. 비록 각 나라의 영토는 구분되어 있지만 하늘과 바다, 그리고 땅속은 서로 연결되어 있어요. 지구는 그야말로 하나의 공동체라는 생각이 들어요. 모든 나라의 작은 잘못이 함께 쌓이고 그 결과는 다시 모두에게 영향을 주게 됩니다. 지구는 연결되어 있으니까요."

마티나는 보다 실제적인 예를 들어 지구의 환경문제가 각 나라에 실제적인 영향을 준다는 사실을 학습시키기로 했다. 이전 활동에 사용한 그래프 중 세계의 온도상승 그래프를 다시 보여 주었다. 그 옆에 한반도 연근해 평균 수온 추이 그래프를 보여 주었다. 세계의 온도 변화가 어느 한 나라의 해안 수온 변화에 영향을 줄 가능성을 보여 준 것이다. 그런데 그 옆에 2개의 빈칸이 있었다. 해안의 수온이 상승할 때 단순히 그것으로 끝나는 것이 아니라 실제 그 나라에 어떤 영향을 주는지 찾아보는 활동이다. 마티나는 대원들에게 빈칸을 채우는 조건을 제시했다. 간단한 꺾은 선 그래프 또는 상징적인 이미지와 핵심 단어만을 사용해야 한다.

이번 활동은 정보검색이 필수다. 대원들은 부지런히 키워드를 나누며 검색을 시작했고, 검색 결과를 바탕으로 다시 대화하며 최적의 결과를 찾아갔다. 검색의 수준은 역시 검색어 선정에 달려 있다.

'수온 상승 영향, 수온 상승 생태계 영향, 한반도 수온 상승, 한반도 주변 해역 수온 상승 결과, 바닷물 온도상승 영향' 등 다양한 단어들을 교차로 조합하여 검색하고 그 결과를 메모했다. 긴 시간이 걸리지는 않았다. 대원들은 2개의 이미지를 박스에 그리기 시작했다.

첫 번째 이미지는 간단한 하향곡선의 그래프로 상징화한 것이다. 제목에는 '한반도 명태 어획량 추이'라고 적었다. 찬물에서 잡히던 어종이 점차 줄어드는 현상을 말하는 것이다.

두 번째 그래프는 상승곡선이다. 제목은 '한반도 해역의 난류성 어류 증가'라고 적었다. 오징어, 고등어, 참다랑어 등의 난류성 어류가 점차 증가하는 것을 말한다. 이러한 변화는 곧 해양 생태계의 변화를 말하며, 이는 곧 그 나라의 수산업 종사자에게 영향을 미친다. 대원들은 지구 온도상승이 각 나라에 실제적인 영향을 줄 수 있음을 확인할 수 있었다.

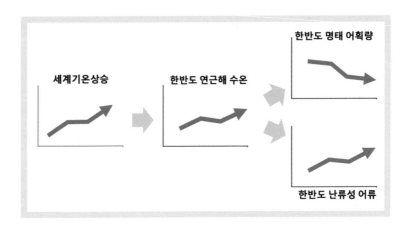

세계기온상승 → 한반도 연근해 수온 → 한반도 명태 어획량 / 한반도 난류성 어류

한 사람의 행동 하나하나가 모여 변화가 일어난다

전 지구적 목표인 SDGs는 모든 나라에 영향을 미치는데, 특히 환경문제는 그 영향이 더 크다. 그런데 이러한 SDGs의 중요성을 지구상의 모든 나라가 깨닫는다고 다 되는 것은 아니다. 인류를 구성하는 가장 작은 단위인 각 개인이 깨닫고 실천해야 한다. 이것이 SDGs를 이해하는 교육에서 가장 중요한 학습 목표다. 이해하는 만큼 개인의 행동에 변화가 일어나고, 그 노력과 변화가 서로 연결되어 지구의 공기 성분, 토양 구성, 물의 온도에 변화가 일어난다.

말이 쉽지, 우리 각 사람이 이를 깨닫고 행동에 변화를 일으키는 것은 어려운 일이다. 이 내용을 어린 학생들이 이해하기 쉽도록 '순환구조'를 깨닫게 도와주어야 한다. 이 순환구조에는 두 가지 맥락이 담겨 있다.

첫째, 나 한 사람의 행동이 수많은 사람의 행동과 연결되고 쌓여서 결국 지구 환경에 영향을 준다는 것이다. 둘째, 지구 환경의 변화가 결국 다시 돌고 돌아 나 자신에게 다시 돌아와서 나의 삶에 영향을 준다는 사실이다.

이번 활동은 난이도가 높다. 좀 더 긴 호흡으로 정보를 찾고, 토론하며 흐름을 만들어야 한다. 화면에 세 가지 조건이 제시되었다. 첫 번째 조건은 핵심 단서다. 플라스틱으로 만든 일회용품들이 나열된 사진이다. 두 번째 조건은 5개의 빈 원이 화살표로 연결되어 있다. 세 번째 조건은 그 원의 흐름을 잡는 데 참고할 만한 주제들이다.

- 해양 쓰레기 종류
- 국가별 해양 쓰레기 배출량
- 해양 쓰레기와 해양 생태계
- 미세 플라스틱 쓰레기
- 나의 식탁에 미치는 영향
- 일회용 쓰레기 분해 기간
- 일회용 쓰레기 배출량

무엇부터 시작해야 할까. 일단 일회용 플라스틱 쓰레기가 가장 중요한 단서다. 우리는 얼마나 많은 플라스틱을 소비하고 있을까. 국가별 통계를 보니, 한 사람이 1년에 사용하는 연간 플라스틱 소비량은 일본 66.9kg, 프랑스 73kg, 미국 97.7kg, 한국 98.2kg이다. 특히 한국의 경우 1년 동안 출고되는 플라스틱 단일 재질 일회용품이 20만 6,500t(2014년 기준)이다. 1년 동안 출고되는 페트병 출고량은 27만 4,000t(2016년 기준)이다. 1년 동안 사용되는 일회용 컵 사용 총량은 무려 257억 개(2015년 기준)에 달한다(2018, 5월 8일. "한국인이 쓰는 일회용 컵 25,700,000,000개… 플라스틱은 세계 1위".《조선일보》). 한국인의 경우 한 사람이 1년 동안 쓰는 비닐봉지가 420개인데, 이는 4장을 사용하는 핀란드의 105배에 이른다.

대원들은 주어진 각각의 주제 단서를 더 알아보기로 했다. 정보를 충분히 이해한 뒤에 연결고리를 찾아 순서를 만들면 된다. 해양 쓰레기의 국가별 배출량을 알아보니, 중국이 압도적으로 높다. 양도 문제이지만 더 심각한 것은 버려지는 해양 쓰레기의 종류다. 플라스틱이 58%로 가장 많다(2016, 12월 28일. "중국발 해양 쓰레기, 서·남해 청정해역 망친다".《뉴시스》).

바다에 버려지는 쓰레기는 분해되는 데 얼마나 걸릴까? 해양수산부가 내놓은 바다 쓰레기 분해 기간에 따르면 종이는 2~5년, 우유팩은 5년, 나무젓가락 20년, 일회용 컵 20년, 나일론 천 30~40년, 플라스틱 용기 50~100년, 캔 100년, 스티로폼은 무려 500년이 걸린다.

대원들은 정보를 찾다가 미세 플라스틱이라는 용어에 관심이 집중되었다. 생소한 용어였다. 미세 플라스틱이란 길이 또는 지름이 5mm 이하인 플라스틱으로, 눈으로 잘 구분이 되지 않는 플라스틱을 말한다. 이러한 미세 플라스틱은 일부 세정 제품에 원재료로 포함되어 처음부터 작게 만들어진 것도 있고 또는 플라스틱 페트병처럼 큰 플라스틱이 마모되거나 쪼개져 작은 조각의 미세 플라스틱이 되기도 한다. 미세 플라스틱이 위험한 이유는 이것이 바다로 흘러 들어가면 플랑크톤이 이를 먹고, 그런 플랑크톤을 물고기가 먹게 된다.

이렇게 먹이사슬을 올라가며 쌓인 미세 플라스틱이 결국 우리 식탁에 올라올 수 있다는 사실에 대원들은 섬뜩함을 느꼈다. 대원들이 정보를 찾아가면서 의미를 이해하다 보니, 각각의 정보가 어떤 흐름과 연결고리를 만들어낸다는 사실을 발견했다. 이제 처음에 주어진 5개의 원을 채우는 것은 그리 어렵지 않았다.

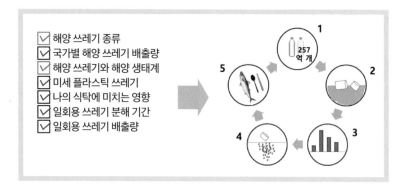

첫 번째 원에는 일반적으로 사용하는 일회용 플라스틱병을 간단히 그렸다. 일상에서 자연스럽게 문제의식 없이 일회용 플라스틱을 사용하는 모습을 담은 것이다. 이미지 옆에 큰 숫자로 '257억 개'라고 적었다. 한국의 경우 1년 동안 사용하는 일회용 컵의 양이다. 간단한 이미지와 숫자만으로 의미를 전달했다. 두 번째 원에는 바닷물 위에 떠 있는 페트병을 간단히 그렸다. 그 옆에 '5조 2,500억 개'라는 수치를 적었고 괄호 안에 '26만 8,940t'이라고 적었다. 세 번째 원에는 해양 쓰레기 배출량을 비교하는 그래프를 상징적으로 표현했다. 물론 막대그래프 중 가장 높은 수치는 플라스틱 쓰레기다. 네 번째 원에는 플라스틱이 잘게 쪼개져 미세 플라스틱이 되는 그림을 간단히 그렸다. 마지막 다섯 번째 그림에는 미세 플라스틱 성분이 축적된 물고기가 식탁의 접시에 놓인 그림과 함께 접시 옆에 숟가락과 젓가락을 가지런히 그렸다.

화면에 5개의 원이 채워진 모습을 함께 보면서 대원들은 일회용 플라스틱 컵 사용이 바로 나 자신으로부터 시작되어 다시 나 자신에게 돌아올 수 있는 있다는 사실을 깨달았다. 깨달음도 의미 있지만, 대원들은 이 과정을 통해 정보 조각을 의미 있게 연결하여 지식을 만들어내는 훈련을 했다. 또한, 전 지구적 시야로 세상을 바라보는 경험을 할 수 있었다.

입체적인 참여로
만들어내는 변화

   SDGs의 배경, 개념, 중요성을 학습하는 과정에서 대원들은 한층 더 성숙해졌다. 문제의식을 느끼고 세상을 바라보는 안목을 조금씩 키우기 시작했다. 문제의식을 느끼면 문제를 발견하는 힘이 생긴다. 그런데 문제 제기에서 그친다면 늘 불평불만을 일삼는 삐딱한 사람이 될 수 있다. 문제의 해결책을 찾고 실천을 위해 참여하는 사람이 건강한 비판의식을 갖춘 사람이다. 마티나는 이제 대원들을 실천의 단계로 이끌어 가기 위한 도입 활동을 제시했다. 먼저 화면에 일회용 쓰레기가 가득 버려진 장면을 보여 주었다.

   "일상에서 자주 사용하고 버리는 일회용품은 어떤 게 있을까요?"

   "음료수 페트병이요!"

   "커피전문점의 일회용 컵이요!"

   "분식집의 포장 용기도 있습니다."

   "나무젓가락이요."

   "물건 담는 비닐봉지도 많습니다."

   끝없이 답변이 나왔다. 5분의 편리함을 위해 사용한 일회용품이 분해되는 데는 50년, 500년이 걸린다면 뭔가 해결책이 필요하다. 대원들은 직접 해결책을 모색하는 연습을 한다. 누군가 시켜서 하는 것보다는 직접 해결책을 찾아보고 고민하면 실천력은 더욱 높아질 것이다. 실천 방안을 찾기 위해 마티나와 대원들의 대화가 이어졌다.

"어떤 방법이 있을까요?"

"일회용품을 버리지 않으면 됩니다."

"그럼 버리지 않고, 집에 쌓아 놓을 생각인가요?"

"아, 그렇군요. 일회용품을 사용하지 않아야겠습니다."

"그럼 일회용품을 사용하던 음식과 물건은 어떤 사용법으로 바꿔야 하는가요?"

"그릇이나 장바구니 등을 사용합니다."

해결책과 실천 방안을 찾는 것이 생각처럼 쉽지 않다. 한 가지 해결책을 찾으면 또 다른 문제가 생긴다. 보다 '입체적'으로 해결책을 찾아서 개인과 공동체가 함께 노력해야 할 것 같다. 마티나는 화면에 새로운 이미지를 준비했다. 커피전문점, 분식집, 마트, 가정, 환경운동 사무실, 학교, 정부청사, 그리고 국제기구 건물 등 다양한 간판이 보였다. 일회용 쓰레기를 줄이기 위해 각 구성원과 기관이 어떤 노력을 해야 하는지 입체적으로 접근하도록 하는 활동이다.

대원들은 일단 마인드맵을 활용하여 다양한 실천목록을 제시했다. 가정에서 일회용 쓰레기 줄이기, 마트에서는 일회용 비닐 대신 장바구니 사용 권장하기, 학교에서는 학생들에게 일회용 쓰레기의 위험성에 대해 교육하기, 환경단체에서는 일회용 쓰레기 줄이기 캠페인 벌이기 등 다양한 의견이 나왔다. 커피전문점에서는 일회용 플라스틱 용기 사용을 줄이고, 매장에서 먹는 고객은 머그컵을 사용하기 등이다. 그런데 이 정도로는 뭔가 부족했다. 대원들은 좀 더 입체적인 해결책을 꺼내기 위해 질문을 만들었다.

"캠페인 차원에서 일회용품을 쓰지 말라고 하면 그냥 다 따라 할까? 편리함과 저렴함을 버리고 캠페인에 동참할까?"

"이를 위해 정부는 더 실제적이고 엄격한 규칙과 단속을 해야 하지 않을까?"

"정부가 개인의 활동을 규제할 때는 법적인 근거가 필요하지 않을까. 그렇다면 국회에서는 관련법을 만들어야 하지 않을까?"

"하지만 판매자 입장에서 무작정 일회용 포장을 쓰지 말라고 하면 어려움을 겪지 않을까? 대체할 수 있는 친환경 용기를 개발하여 저렴한 비용으로 사용할 수 있는 구조를 만들어야 하지 않을까?"

이런 방식으로 질문을 꺼내고 의견을 확장하다 보니 마트, 학교, 정부, 국회, 커피전문점, 환경단체, 가정, 국제기구 등 다양한 주체가 실천할 수 있는 역할이 나왔다. 대원들은 그 내용을 화면에 채워 넣기 시작했다. 그야말로 '입체적'인 실천항목을 도출했다.

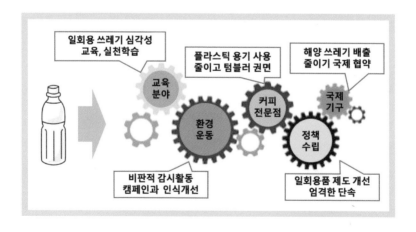

전 세계가 함께
행동한다

이 같은 선언적인 실천법이 각자 생활에서 구체적인 행동으로 이어
지려면 어떻게 해야 할까? 일생의 여행 중에서 가장 먼 여행은 머리에
서 가슴까지라고 한다. 그런데 또 하나의 긴 여행이 있다. 바로 가슴에
서 발까지의 여행이다. 머리로 이해하고 마음으로 공감하며 결국 행동
으로 옮기는 것이 얼마나 어려운지 말하는 것이다. 환경과 경제, 사회
적 문제를 나 개인의 참여로 바꿀 때 우리는 두 가지 어려움 앞에 선다.

첫째는 편리함을 포기하는 어려움이다. 일상적으로 하던 것을 바꾸
어야 한다. 익숙한 것에 변화를 줄 때는 불편함이 따른다. 둘째는 혼
자 잘난 척 튀는 것에 대한 주저함이다.

이 두 가지 어려움을 극복할 방법을 마티나는 대원들에게 가르쳐 주
고자 한다. 바로 '연대'하는 것이다. 함께 실천하는 것이다. 혼자 하려
면 실천이 어렵지만 함께하면 용기가 생긴다. 실천의 힘이 붙는다.

화면에 1월부터 12월까지의 빈 달력이 있다. 잠시 후 9월의 빈 달
력에 '세계 차 없는 날'이 등장했다. 괄호 안에 날짜는 9월 22일로 적
혀 있다. '000의 날'이라는 말, 그 자체만으로도 뭔가 강력한 실천의 힘
이 느껴졌다. 모두가 함께 실천하기 때문이다. 그것도 전 세계가 함
께 그날을 기념하고 동참하기 때문일 것이다.

마티나는 차 없는 날의 배경을 소개해 주었다. '차 없는 날Car-Free Day'은 1997년 프랑스 서부 항구도시인 라로쉘에서 처음 시작되어, 98년 프랑스 전역으로 확대되었고, 곧이어 세계의 수많은 도시로 퍼졌다. '도심에서는 자가용을 타지 맙시다In town, without my car'라는 구호와 수많은 시민의 적극적인 호응은 세계 어느 도시에서나 볼 수 있다.

대원들은 이제 나머지 달력에 전 세계가 함께하는 기념일과 실천의 날을 찾아 채워 넣어야 한다. 지구가족의 날, 국제 장애인의 날, 소비자의 날, 세계 장애인의 날, 세계 인권의 날, 국제 생물 다양성의 날, 세계 어린이의 날, 아무것도 사지 않는 날, 세계 채식인의 날, 세계 식량의 날, 세계 빈곤 퇴치의 날, 세계 차 없는 날, 세계 오존층 보존의 날, 에너지의 날, 지구의 날 등 찾고 찾아도 계속 나왔다.

이제 찾은 정보를 달력에 입력했다. 이렇게 채워 넣고 보니 1년 열두 달 지구를 생각하고, 세계의 환경, 경제 그리고 사회적 이슈를 생각할 수 있는 날이 정말 많았다. 대원들은 추가 활동으로 몇 개의 기념일을 선택하여 청소년들에게 홍보할 수 있는 포스터 그리는 활동을 했다. 간단한 이미지와 텍스트만으로 표현하는 것이다.

차 없는 날 포스터를 만들 때는 차 키에서 싹이 나는 그림을 그렸고, 그 밑에 "오늘은 차를 두고 나오세요!"라고 적었다. 3월에는 지구의 날을 맞아 세계자연기금WWF이 추진한 어스 아워Earth Hour 캠페인을 적고 그날은 전 세계가 1시간 동안 전등을 끄는 실천을 한다는 점을 강조하기 위해 포스터를 만들었다. "지구를 위한 단 한 시간!"이라고 표어를 쓰고 전등 스위치가 내려간 이미지를 그려 넣었다.

이러한 국제 기념일은 몇몇 국제적인 관심거리 또는 문제점에 주의를 기울이는 기간을 의미한다. 이날은 그 주제를 기념하고 관련된 현재의 상태를 증진하고 행동을 결집하는 데 목표를 둔다. 많은 기념일과 실천의 날은 유엔 총회, 유엔 경제사회이사회, 유엔 교육과학 문화 기구UNESCO에 의해 선포된다.

고릴라는
핸드폰을 미워해

SDGs의 지속가능발전목표 중에서 특히 환경 분야는 시급하고 심각하다. 환경운동가들과 전문가들은 이러한 이슈를 발굴하고 전 세계에 알리는 역할을 하고 있다. 마티나는 대원들에게 조금 특별한 이야기들을 소개했다. 화면에 등장한 제목은 그 자체로 매우 충격적이었다.

"새끼 북극곰 생존율 2.5%."

"전 세계 고릴라 수, 33년 이내 80% 감소."

대원들에게는 제목만 주어졌다. 실제 세부적인 내용을 직접 찾아보아야 한다. 과연 무슨 일이 벌어지고 있는지, 얼마나 심각한 상황인지 확인해야 한다. 그리고 이를 원인과 과정 그리고 결과로 설명해야 한다. 이 과정에는 아이콘 수준의 이미지와 간단한 텍스트 그리고 화살표와 같은 기호를 사용한다. 여기서 한 가지 짚고 넘어갈 것이 있다. 마티나는 왜 대원들에게 자꾸 이런 이미지 방식의 활동 결과물을 시키는 것일까. 그것은 바로 문제 해결을 다루는 '디자인씽킹'의 핵심 방법론이기 때문이다. 이 부분은 SDGs 훈련이 끝나고 두 번째 교육인 문제 해결 훈련에서 자세히 다루게 될 것이다.

이제 어느 정도 훈련이 된 대원들은 북극곰의 문제를 다양한 측면에서 탐색하기 시작했다. 그 결과 새끼 북극곰이 처한 무서운 현실과 만날 수 있었다. 자료를 간단히 만들어 화면에 보여 주며 발표했다.

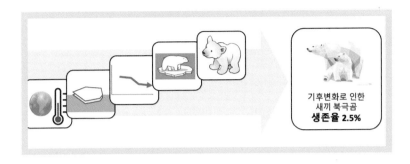

  첫 번째 장면은 지구를 배경으로 온도계가 있는 이미지다. 화살표로 이어지는 두 번째 이미지는 깨어진 빙하가 물 위에 떠 있는 모습이다. 세 번째 이미지는 간단한 그래프 이미지인데 하향곡선이다. 네 번째 이미지는 북극곰이 깨어진 빙하 위에 떠 있다. 마지막 이미지는 새끼 북극곰이 혼자 앉아 있는 장면이다. 대원들의 발표가 이어졌다.

  "북극곰이 처한 현실은 여러 가지 측면에서 위험합니다. 막다른 골목에 몰린 상황과 같습니다. 지구온난화는 북극의 얼음을 녹게 합니다. 이러한 현상은 그다음부터 해양 생태계의 변화를 만들어냅니다. 수온의 변화에 민감한 물고기들과 북극곰의 먹이인 물개가 줄어드는 겁니다. 먹이 자체가 부족하여 북극곰이 줄어드는 일이 발생하기도 하지만, 한편으로는 먹이 구하기가 힘든 북극곰이 먹이를 찾으러 바다 깊이 들어갔다가 빙하가 녹아 없어진 바다 한가운데 빠져 죽곤 합니다. 결국, 새끼 북극곰은 아빠를 기다리다 굶어 죽는 것입니다. 이것이 바로 오늘의 현실입니다." 다른 대원이 정보를 보충하기 위해 발표를 이어갔다.

  이번 발표자는 태블릿 펜으로 화면에 직접 두 가지 그림을 그리며 설명했다. 왼쪽 그림은 해빙 상태에서 태양으로부터 내려오는 화살표가 높은 각도로 반사되어 올라가는 모습이다. 오른쪽 그림은 해빙이 없는 평지 상태에서 태양으로부터 오는 화살표가 크게 반사되지 못하고 낮은 각도로 지표면 쪽으로 향하는 모습이다.

"북극 증폭Arctic Amplification 현상과 알베도 효과에 대해 설명하겠습니다. 북극 증폭이란 바닷물이 얼어서 생긴 얼음인 해빙이 물로 만들어진 얼음보다 더 빨리 녹아 생기는 현상입니다. 그러니까 북극은 다른 지역보다 두 배 이상의 속도로 온난화가 진행됩니다 (그린피스. 2017. 12월 29일. "위기에 빠진 북극곰 살리기". 그린피스 서울사무소 블로그 자료). 그런데 이러한 북극 증폭 현상은 연쇄적으로 태양빛의 반사율을 줄어들게 하는 현상으로 이어집니다. 태양빛 반사율을 '알베도'라고 하는데, 쉽게 설명하면 그림처럼 해빙이 있을 때는 빛에너지 반사율이 높습니다. 그런데 해빙이 없어지면서 알베도가 낮아져 반사되지 않은 빛에너지로 북극의 온도는 더 올라가는 것이죠. 물론 얼음이 다시 만들어지는 것도 어려워집니다."

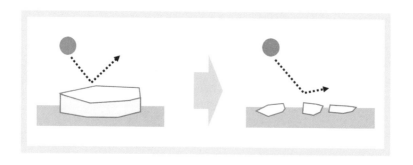

"이러한 현상들로 인해, 북극곰은 10년 단위로 개체수가 절반 가까

이 줄어들고 있습니다. 미국 NBC방송은 미국 지질조사국과 캐나다 환경청 등 합동 연구진의 연구결과로 이를 발표했습니다. 이 연구의 방법은 북극곰에게 태그를 부착하고 방사해 개체수를 추적하는 것이었습니다. 특히 태그를 붙인 새끼 곰 개체수 감소율이 더 높았습니다. 알래스카에서 추적한 새끼 북극곰 80마리 가운데 살아남은 개체수는 단 두 마리였습니다."

이어서 다른 대원이 추가로 발표했다. 지구온난화로 멸종 위기에 처한 동물을 소개하는 것이다. 화면에는 여덟 마리의 동물이 등장했다 (2018, 3월 4일. "지구온난화로 멸종 위기에 처한 귀여운 동물". 《인사이트》). 새앙토끼, 바다사자와 물개, 호주산 큰 박쥐, 코알라, 큰코영양, 큰산쑥뇌조, 황제펭귄, 북극곰 등이다.

이제 두 번째 주제에 대한 자료조사가 시작되었다. 전 세계 고릴라 수가 33년 이내에 80% 감소한다는 것은 무슨 내용일까. 대원들은 처음 접하는 정보이기에 호기심을 가지고 하나씩 찾아낸 정보가 가리키는 대로 따라가면서 추가 탐색을 진행했다. 그때그때 나온 정보를 스크랩했다. 시간이 얼마 걸리지도 않았다. 스크랩한 정보 조각을 모아 지식체계를 만들었다.

그 결과를 자료화면으로 공개했다. 조금 생뚱맞은 조합이긴 하지만 고릴라 이미지와 스마트폰 이미지를 화면 양쪽 끝에 함께 보여 주었다. 고릴라와 스마트폰 사이에는 어떤 일들이 있는 것일까. 발표자는 두 이미지 사이에 다른 이미지들을 하나씩 보여 주면서 설명을 시작했다. 먼저 등장한 이미지는 스마트폰의 배터리 이미지다. 그다음은 전자제품을 한 번 뜯어본 적 있는 사람이라면 누구나 눈에 익은 장면이다.

"스마트폰의 배터리는 전기에너지 저장 능력이 중요합니다. 휴대폰의 내부회로에 전압이 유지될 수 있도록 조절하는 역할을 하는 것이 탄탈륨 커패시터Tantalum Capacitor입니다." 그러면서 다른 이미지를 공개했다. 휴대폰 이미지 옆에, 배터리 이미지가 있고, 배터리 이미지 옆에 탄탈륨 커패시터가 있었다. 이미지가 하나씩 공개되면서 화면의 양 끝에 있던 휴대폰과 고릴라의 사이는 점차 채워졌다. 탄탈륨 옆에 공개된 이미지는 짙은색의 광석으로 짐작되었다.

"탄탈륨은 콜탄이라는 철광석에서 추출합니다." 이 말을 마치고 화면에 보이는 다음 장면은 굴착기와 같은 중장비와 땅을 파헤치는 모습이었다. 콜탄의 주요 매장지가 바로 고릴라의 서식지와 겹치는 지역이다. 콜탄 채굴을 위해 고릴라 서식지를 불태우고 땅을 파헤치는 것이 바로 지금 진행되는 일이다. 대원들은 자료를 조사하면서 한 번 놀랐지만, 막상 발표를 하니 더 심각하게 현실이 다가왔다. 대원들은 SDGs를 공부하면서 자신들이 몰랐던 세상에 눈을 뜨기 시작했다.

푸드 마일리지와
생태발자국

지구의 지속 가능한 발전을 위한 사람들의 노력은 이전에 없던 새로운 문화와 용어를 만들어내기도 했다. 대원들에게 주어진 과제는 푸드 마일리지Food Mileage, 생태발자국Ecological Footprint 같은 용어를 알아보는 것이다. 뜻을 알아보는 것이 아니라 구체적인 사례를 통해 의미를 이해하는 것이다. 대원들은 기초 자료를 조사한 뒤에, 푸드 마일리지의 개념과 배경부터 소개했다.

"푸드 마일리지는 먹을거리가 생산자 손을 떠나 우리 식탁에 오르기까지의 이동 거리를 뜻합니다. 푸드 마일리지가 작을수록 우리는 더욱 신선하고 안전한 먹거리를 이용할 수 있습니다."

"이러한 용어가 나오게 된 배경을 소개하겠습니다. 1994년 영국 런던시티대학교의 식품정책학 교수 팀 랭Tim Lang은 '푸드 마일food miles'이라는 개념을 처음으로 언급했습니다. 푸드 마일은 식품을 뜻하는 푸드Food와 거리 단위 마일Miles을 합친 말로 생산지에서 가급적 가까운 지역에서 생산된 식품을 소비하는 것이 안정성도 높고 수송에 따른 환경오염을 경감할 수 있다는 의미가 담겨 있습니다."

"푸드 마일이 생겨난 지구 전체적인 배경은 바로 '글로벌화'에 있습니다. 몇 개 국가를 제외하고는 식량 의존도가 높아지면서 식량 무역도 확대되었습니다. 여기에 저장기술과 수송기술의 발달도 큰 몫을 했습니다. 그러다 보니 식량의 이동 거리가 늘어나고 멀어지게 된 것입니다."

푸드 마일리지가 지속 가능한 발전과는 무슨 관계가 있을까. 대원들은 터치 화면에 그림을 그리기 시작했다. 먼저 아래쪽에 지구를 그렸고, 오른쪽 끝에 오렌지 나무를 그렸다. 왼쪽 끝에는 접시에 올려진 오렌지를 그렸다. 그 사이에 비행기와 기차, 배 같은 교통수단을 여러 대 그렸다. 마지막으로 빈 곳에 이산화탄소CO_2를 여기저기 써넣었다. 이동 거리가 멀수록 이산화탄소 발생량이 높아진 것을 표현한 것이다. 이는 온실효과와 지구온난화로 이어진다. 지구의 한쪽 구석에 온도계를 그려 넣어 이것을 강조했다.

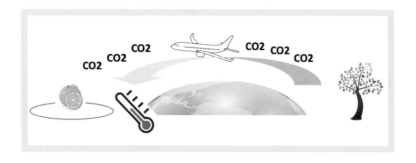

두 번째 자료조사 주제는 생태발자국이다. 생태발자국이란 인간이 지구에서 삶을 꾸려나가는 데 필요한 의·식·주 등을 제공하기 위한 자원의 생산과 폐기에 드는 비용을 토지로 환산한 지수를 말한다. 생태발자국은 1996년 캐나다 경제학자 마티스 웨커네이걸Mathis Wackernagel과 윌리엄 리스William Rees가 개발한 개념이다. 지구가 기본적으로 감당해 낼 수 있는 면적 기준은 1인당 1.8㏊이고 면적이 넓을 수록 환경문제가 심각하다는 의미가 된다. 선진국으로 갈수록 이 면적이 넓은 것으로 나타났으며, 선진국에 사는 사람들 가운데 20%가 세계 자원의 86%를 소비하고 있다. 마티나는 이번 주제에 대해 활동 방식을 조금 특별하게 지시했다.

"지구에 있는 모든 사람이 만약 당신처럼 산다면 지구가 몇 개 필요할까?"

생태발자국을 보면 한 사람 한 사람이 지구에 얼마나 많은 흔적을 남기는지, 자연에 얼마나 많은 영향을 미치는지를 알 수 있다. 생태발자국이 크면 클수록 환경에 해로운 영향을 미친다는 것을 의미한다. 대원들은 먼저 OECD 주요 국가의 생태발자국 현황을 살펴보았다. 자료를 보며 대원들은 깜짝 놀랐다. 자료조사를 마치고 대원들은 화면에 발자국으로 채워진 지구 이미지를 3개 그렸다.

"한국을 예로 들겠습니다. 지구가 감당해 낼 수 있는 생태발자국은 1인당 1.8ha인 데 비해, 한국 사람의 평균 생태발자국은 자그마치 1인당 3.56ha, 즉 35,600㎡의 정사각형 면적과 같습니다. 이는 세계의 모든 사람이 한국 사람처럼 살아간다면 지구가 두 개 조금 넘게 필요하다는 의미입니다."

더군다나 한국의 생태발자국 크기는 OECD 선진국의 상위 랭킹이 아니다. 자료를 보면 볼수록 선진국의 생태발자국 크기에 놀라지 않을 수 없었다.

　여기서 그치지 않고 대원들은 추가 자료를 더 찾았다. 푸드 마일리지와 생태발자국 외에도 생태교통, 생태관광 같은 용어를 설명했다. 생태교통이란 기후변화의 원인인 온실가스와 에너지 소비를 줄이기 위해 자가용을 사용하지 않고 걷거나, 자전거 혹은 대중교통을 이용해 이동하는 것을 말한다. 생태관광이란 아름다운 환경이나 문화유산이 있는 지역을 방문하여 환경을 보전하고 그 지역사회의 경제 활성화와 주민들 삶의 향상에 이바지하면서 즐기는 여행을 말한다. 한국의 경우 유네스코 생물권 보존지역, 국립공원, DMZ 등의 대표적인 생태관광지가 있다.

환경을 넘어
사회 경제 분야로

지속가능발전목표 SDGs의 사례들을 보니 대부분 환경 분야 내용이 많다. 다른 분야의 사례는 없을까. 경제, 사회 분야에서는 SDGs 실천이 없는 것일까. 마티나는 SDGs 훈련의 마지막 내용으로 이 부분을 진행했다. 알아볼 주제는 공정무역, 다문화가족, 착한 신발이다.

공정무역Fair Trade은 개발도상국 생산자에게 정당한 대가를 지급하는 무역을 말한다. 다양한 상품의 생산에 관련하여, 여러 지역에서 사회와 환경 표준뿐만 아니라 공정한 가격을 지급하도록 촉진한다. 공정무역 운동은 개발도상국에서 선진국으로 수출하는 품목에 특히 초점을 둔다. 주로 수공예품, 커피, 카카오, 코튼, 와인, 과일 등이다.

공정무역 자료조사를 토대로 대원들이 발표한 사례는 커피다. 대원들은 자료에 기초하여 2개의 커피잔 이미지를 그렸다. 커피 한 잔을 마실 때 소비자가 지급하는 비용이 누구에게 얼마나 지급되는지 알려주는 그림이다. 5,000원 정도를 기준으로 일반 커피 한 잔과 공정무역 커피 한 잔을 비교한 그림에서, 일반 커피는 생산자가 500원, 구매 수출 가공업자가 3,000원, 판매점이 1,500원을 가져간다. 노동을 통해 원재료를 생산하는 나라의 사람들이 매우 적게 가져가는 구조다.

반면 공정무역 커피 한 잔은 생산자와 조합이 2,500원, 가공업

자 1,000원, 판매점이 1,500원을 버는 방식이다(2015.《기아대책소식지》
참고). 생산자가 노동의 대가를 정당하게 받는 구조를 만든 것이다.

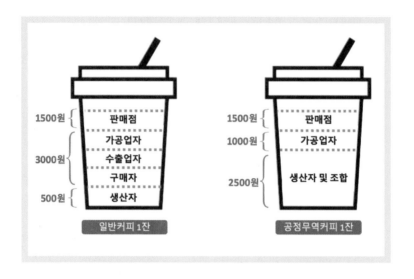

다문화가정에 대해서는 세 가지 그래프를 간단히 그려봄으로써 다문
화사회에 대한 현실 인식을 새롭게 했다. 2개의 그래프는 상향곡선이
다. 나머지 한 개 그래프는 2개의 꺾은선 그래프가 대비되는 것이다.

"다문화가정은 점차 늘어나는 추이입니다."

"그에 따라 다문화가정 학생 수도 늘어나고 있습니다."

"하지만 세 번째 그래프는 좀 다릅니다. 학교 중퇴율을 나타내는 것
이고 아래의 하향곡선은 내국인 학생의 경우이고, 위의 상승곡선은 다
문화 학생의 경우입니다(교육부. 2010. 「2009년 다문화 학생 현황」)."

"다행히도 다문화 수용성 지수는 점차 높아지고 있습니다."

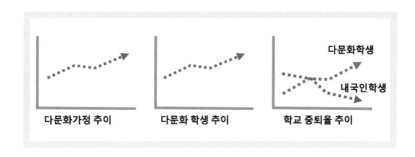

다문화가정 추이　　다문화 학생 추이　　학교 중퇴율 추이
다문화학생
내국인학생

한편, 신발 기부운동에 대해서는 대원들 사이에 처음으로 격한 논쟁이 벌어졌다. 신발 한 켤레를 사면 제3세계 어린이들에게 신발을 기부하는 일대일 기부 프로젝트로 지금까지 6천만 켤레의 신발을 판매, 기부하는 효과를 거두었다. 지속가능발전목표의 대표적인 경제·사회적 실천 사례지만, 이 부분에 대해 대원들은 두 가지로 입장이 나뉘었다.

"취지는 좋았지만, 오히려 의존감이 높아지고, 자립심은 낮아지는 역효과가 일어날 수 있어."

"당연한 거 아닐까. 자립할 수 없으므로 기부를 통해 도움을 주는 거지."

"기부가 실제적이고 지속적인 도움이 되지 못할 수도 있어."

"그건 방법과 단계의 문제야. 처음에는 신발을 기부하고 점차 다른 노력을 하는 거지."

"현실은 그렇지 않아. 자료를 보면 그 신발회사는 기부 이미지 때문에 오히려 홍보 효과를 거뒀어."

"모든 기부를 그렇게 비판적으로 보면 곤란해. 기부 문화가 위축될 수 있어."

"오히려 더 나은 기부 문화를 위해 비판도 필요하다고 생각해."

실제 신발 기부 기업은 최근 대학 연구팀에 의뢰하여 신발 기부를 받은 제3세계 어린이들의 삶을 추적 조사했다. 연구결과, 선물을 기부 받은 어린이들은 그 신발을 신고 밖에서 뛰어 노는 시간이 약간 늘었다는 것 외에 긍정적인 다른 효과는 없었다. 기부 신발 착용이 전반적인 건강 향상이나 건강한 자아 형성에 별다른 영향을 주지 못했다.

여기서 한 가지 관심을 끄는 연구결과가 있다. '누군가 내 가족을 도와주어야 한다'라는 생각에 동의하는 비율이 선물을 받은 어린이가 선물을 받지 못한 어린이보다 높게 나타났다는 점이다. 이 내용을 토대로 연구를 진행한 교수는 "외부의 도움이 실재할 때 거기에 의존하기가 더 쉽다."라는 설명을 덧붙였다.

이러한 연구보고서를 토대로 신발 기부 기업은 새로운 전략을 찾고 있다고 한다(2016, 11월 19일. "착한 소비 이끈 신발 기부 탐스⋯ 기부 전략 변경".《연합뉴스》). 이를 통해 대원들은 지속가능발전목표가 환경 분야뿐 아니라 경제 사회의 다양한 분야에서 필요하고, 현재 진행되고 있다는 점을 확인했다. 또한, 이러한 노력은 시간이 흐르고 경험이 쌓일수록 점차 더 섬세하게 다듬어져야 한다는 사실도 깨달았다.

대원들은 SDGs의 개념부터, 배경과 내용, 연결성, 관련성, 참여 방안과 사례 그리고 확장성까지 훈련했다. 이제 체인지 스쿨의 훈련을 마치고 그다음 훈련과정에 들어가게 된다. 다음 과정은 아이디어 훈련이 포함된 디자인씽킹 스쿨이다.

디자인씽킹 스쿨

문제를 해결하는
사람들의 사고법

지속가능발전목표 SDGs를 실천한 사례들을 살폈는데 하나같이 멋진 아이디어들이 빛난다. 전 세계가 직면한 문제들을 우리 일상의 문제로 공감하고, 새로운 아이디어를 꺼내 창의적으로 해결하는 과정은 특별한 사람들만 할 수 있는 일일까. 누구든지 노력하면 이러한 아이디어를 낼 수 있을까. 그렇다면 그 과정에 어떤 방법론 또는 공식 같은 것이 있을까. 누구나 다 이렇게 창의적인 아이디어를 꺼낼 수 있다면 얼마나 좋을까.

문제 해결을 위한 아이디어 훈련이 바로 디자인씽킹 스쿨이다. 우주탐사 원더호의 대원들은 이제 아이디어를 꺼내고, 이를 통해 문제를 해결하는 방법을 학습하게 된다. 마티나가 먼저 질문했다.

"SDGs를 전반적으로 이해했는데, 막상 우리도 이렇게 문제를 해결하고 실천하려면 과연 어떤 능력이 필요할까요?" 자유로운 답변이 이어졌다.

"경제, 사회, 환경 분야의 다양한 문제들을 해결하는 '단계'를 아는 게 중요할 것 같아요."

"또한 문제 해결을 위한 아이디어를 어떻게 생각해 낼 수 있는지를 배워야 해요."

"가장 먼저 필요한 능력은 문제 자체를 발견하는 훈련인 것 같아요."

"사실 아이디어를 내려면 창의성이 꼭 필요한 것 같은데, 이 능력은 타고나는 게 아닐까요?"

"무조건 아이디어를 낸다고 다 해결되는 것은 아닐 것 같아요. SDGs는 우리 현실의 문제이기 때문에 실현 가능성을 높이는 게 중요할 것 같아요. 구체적으로 무슨 능력을 갖추어야 하는지 잘 모르겠어요."

SDGs 훈련을 처음 시작할 때와 같이 마티나는 대원들의 질문을 모아 겹치는 것을 하나로 합치고, 꼭 필요한 질문을 추려 6개로 만들었다. 그리고 6개의 질문 옆에 빈칸을 만들어 6개의 핵심 단어를 대원들로 하여금 배치하도록 했다. 각 질문을 해결하기 위해 어떤 능력과 역량을 키워야 하는지 알려 주는 핵심 단어다. 빈칸에 채울 단어는 순서를 섞어서 미리 제시해 주었다.

☑ 문제 해결의 공통적인 순서가 있을까? [문제 해결 단계]

☐ 문제 해결에 왜 이미지가 많이 사용될까? [디자인 사고]

☐ 문제를 어떻게 발견하고 이해할까? [문제발견]

☐ 문제의 핵심을 어떻게 파악할까 ? [문제 정의]

☐ 문제 해결을 위한 아이디어는 어떻게 낼까? [아이디어]

☐ 아이디어를 어떻게 현실로 바꿀 수 있을까? [프로토타입]

대원들의 호기심에서 찾아낸 여섯 가지 핵심 질문은 아이디어 발상과 문제 해결을 훈련하는 학습의 목차가 되었다. 특히 아이디어를 배우는 과정에서는 창의적 아이디어 발상을 배우게 될 것이다. 이 모든 과정을 흔히 '창의적 문제 해결'이라고 표현한다. 최근에는 이를 '디자인씽킹'이라는 용어로 표현한다.

문제 해결로
현실을 바꾸다

디자인씽킹은 '디자인design'과 '생각하기thinking'가 합쳐진 말로, 디자이너가 생각하는 방식으로 세계를 바라보고, 기존과 다른 방식으로 문제를 해결하는 방법을 일컫는다. 즉 디자이너가 창의적으로 사고하는 방법을 문제 해결을 위한 사고과정에 접목한 것이다. 사실 아이디어 발상과 문제 해결의 여섯 가지 학습 목차는 디자인씽킹의 전 과정이라고 볼 수 있다. 실제 문제를 해결한 사례를 분석하여 그 진행 단계를 살펴보자. 만약 하나의 사례를 통해 찾아낸 문제 해결의 단계가 정말 신뢰할 만한지 확인하기 위해서는 다양한 사례를 비슷한 방식으로 분석했을 때, 공통적인 단계가 나오는지 비교해 보면 된다.

"쓰레기와 관련된 다양한 문제를 꺼내 볼까요?" 마티나가 질문했다.

"일회용 쓰레기 문제가 심각해요."

"쓰레기 매립으로 인해 토양이 오염됩니다."

"쓰레기 분리수거도 문제입니다. 어마어마한 양과 처리비용, 처리방법도 문제입니다."

"음식물 쓰레기도 큰 문제입니다."

"플라스틱 쓰레기는 가장 심각합니다."

"쓰레기를 불법으로 투기하는 문제도 있어요."

"쓰레기 매립지가 더 필요한데 지역에서 모두 반대하는 것도 고민이에요."

"해양 쓰레기로 바다가 망가지고 있어요."

"화학 쓰레기 무단방류는 생태계를 파괴합니다."

쓰레기와 관련된 다양한 문제 제기가 쏟아져 나왔다. 이번에는 방향을 바꿔, 쓰레기 문제에 대한 다양한 해결책으로 제시된 사례를 찾아보게 했다.

"음식물을 적당히 만들고, 남기지 않는 캠페인이요."

"일부 음식점은 음식을 남길 경우 환경부담금을 받고 있어요."

"어떤 뷔페 음식점은 음식을 남기지 않으면 식사비를 할인해 줍니다."

"음식물 쓰레기 유료 종량제 봉투를 사용하면서 쓰레기가 줄었어요."

"음식물 쓰레기를 분해하여 친환경 사료로 만드는 시스템을 만들었습니다."

"쓰레기 첨단 소각장을 지었어요."

"산업 쓰레기와 폐기물 처리에 대한 법적 규제를 강화했어요."

"스타트업과 환경단체에서 해양쓰레기 수거 도구를 개발했습니다."

"가정용 쓰레기 처리 시스템을 건축 설계 단계부터 반영하고 있어요."

"휴지통 없는 화장실을 시행하고 있습니다."

"일부 신도시는 아예 도시 전체를 지하 크린넷 시스템으로 설계했습니다."

도시 크린넷 시스템이라는 말이 나오자, 다른 대원들이 궁금하다는 표정을 지었다. 정보를 찾았던 대원이 부연설명을 했다.

"쓰레기 처리는 개인의 문제를 넘어 모든 도시의 큰 고민거리입니다. 그래서 새로 지어진 도시는 설계 단계부터 이 문제를 해결하기 위한 전략을 짭니다. 설계 단계에 자동 크린넷 시스템을 만드는 것이죠. 물론 아주 최근에 설계된 계획도시에 해당하는 내용입니다. 이 도시에는 쓰레기 수거 차량이 없습니다. 기존의 쓰레기 문제를 캠페인이나 종량제 봉투 등으로는 해결할 수 없다는 판단하에 아예 접근법을 바꿔 창의적으로 문제 해결 방법을 찾은 것입니다. 도시의 모든 지하에 매설된 관을 통해 쓰레기를 이동시켜 한곳에 집결시키고 이를 재처리하여 친환경적으로 사용하는 방법입니다."

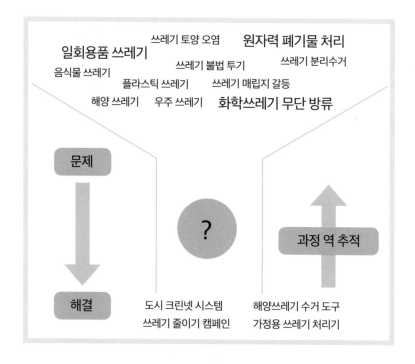

대원들이 의견을 꺼내는 사이 화면에는 그 내용이 하나씩 입력되었다. 이전에 발표했던 문제점들도 모두 화면에 보였다. 짧은 깔때기 모형의 윗부분에 '문제점'들이 배치되었고, 아래 깔때기의 출구 부분에 '해결책'들이 배치되었다. 그런데 깔때기의 가운데 통로에 물음표가 있었다. 마티나는 물음표에 대해 설명했다.

"결국 핵심은 문제를 찾아내고, 그 문제를 해결하는 것입니다. 그렇다면 문제를 해결할 때 어떤 과정을 거쳤을까요? 물론 문제를 입력한다고 해결책이 자동으로 나오지 않습니다. 문제 해결의 과정에 어떤 노력이 있을지 예측해 볼까요?" 잠시 침묵이 흐른 뒤, 대원들의 답변이 하나씩 나오기 시작했다.

"여러 사람이 의견을 나누는 방법으로 노력했을 것 같습니다."

"제 생각에는 문제를 더욱 자세히 확인하기 위해 자료조사를 철저히 했을 것 같아요."

"자료조사뿐만 아니라 실제 생활하는 사람들의 쓰레기 문제에 대한 상황을 현장에서 직접 관찰하고 조사하지 않았을까요?"

"그뿐 아니라 그 문제에 대해 사람들이 어떻게 생각하는지 인터뷰를 할 수도 있어요."

"현장의 문제를 확인했다면, 해결책을 꺼내기 위해 더욱 근본적인 문제의 배경이나 핵심을 찾아야 할 것 같아요. 이런 과정이 없다면, 아마도 근본적인 해결책이 아니라 임시 해결책이 나올 수도 있습니다."

"문제를 파악했다면 해결책을 위해 여러 사람이 정말 다양한 의견을 내는 게 필요할 것 같아요. 이 과정에서 매우 열띤 토론이 있을 것 같아요."

"수많은 아이디어가 나오겠지만, 그중에 가장 좋은 해결책을 선택해야 하지 않을까요. 혹은 몇 개의 아이디어를 결합하여 창의적인 방법을 만들 수도 있을 것 같아요."

대원들의 발표 내용이 나름의 문제 해결 과정을 보여 주고 있다. 하지만 마지막 단계에 뭔가 빠졌다. 기다려도 의견이 나오지 않자 마티나가 나섰다.

"아이디어를 꺼내고, 최고의 아이디어를 찾으면 그것으로 끝일까요? 이전에 우리가 미리 꺼낸 해결책은 매우 다양했습니다. 캠페인과 크기별 종량제 봉투 판매, 가정용 쓰레기 처리 도구, 도시 전체의 지하 쓰레기 이동 및 처리 시스템 같은 다양한 해결책이 있었죠. 어떤 것은 정책이고 어떤 것은 개인적 실천이고, 또 어떤 것은 새로운 개념의 쓰레기 소각장이었어요. 이런 모든 해결책은 아주 실제적이고 실천적이며 눈에 보이는 변화를 만들어 냅니다. 그런데 우리가 지금 발표한 문제 해결의 과정은 아이디어로 끝났어요. 아이디어를 현실화하는 문제가 남았습니다. 이 단계는 우리 각자의 생활 속 작은 실천을 위해서도 필요하고, 해당 분야 전문가들이 변화를 만들기 위해서도 필요합니다."

마티나의 설명을 들었지만, 대원들은 딱히 무엇을 해야 할지 떠오르지 않는다는 표정이다. 마티나는 화면에 이미지 2개를 띄웠다. 어느 아파트 분양 모델하우스에서 볼 수 있는 사진이다. 하나는 앞으로 지을 계획인 아파트의 멋진 조감도다. 정말 그럴싸하게 그려졌고, 사람들에게 그 아파트에 살고 싶은 마음이 들게 하는 사진이다. 바로 옆에 두 번째 사진은 조감도 속 아파트 단지를 실제 작은 마이크로 모형으로 만들어 입체적으로 볼 수 있게 구성한 미니어처다. 단지 내 수영장과 뒷산으로 나 있는 산책 오솔길 그리고 단지 관리사무소 앞에는 택배 드론 착륙장도 만들었다. 작은 실물로 보니 조감도의 느낌이 한

층 더 현실적으로 다가왔다. 그림, 설계도, 모형, 이야기 전개 등 다양한 형태로 아이디어의 실현 결과를 예상해 보는 것이다.

"모형 제작이요!" 한 대원이 외쳤다.

"포트폴리오 아닐까요? 미술이나 건축 전문가들이 만드는 거 있잖아요."

이제 거의 근접한 것 같다. 문제를 해결하여 현실의 변화를 만드는 과정을 어느 정도 이해했다면 이제 적절한 용어를 사용해 체계화하면 된다.

문제 해결을 위한
디자인씽킹의 단계

쓰레기와 관련해 가장 공감 가는 문제 하나를 선택해 그 문제에 대한 해결책을 실제로 찾아가면서 문제 해결의 공식을 만들어보자. 앞서 대원들은 문제를 해결하는 과정에 필요한 다양한 생각을 말했고, 이제 그 결과를 모형으로 만들어 완성해야 한다는 것을 이해했다. 마티나는 그러한 대원들의 생각을 6개의 질문으로 바꾸어 이를 화면에 보여 주었다. 단, 순서는 일부러 섞어 놓았다. 이미 보았던 깔때기의 과정에 여섯 가지 질문을 토론을 통해 나름의 흐름을 배치해 보는 것이다. 깔때기 윗부분에는 이전에 이미 적혀 있던 다양한 쓰레기 관련 문제가 그대로 있다. 그리고 나머지 공간은 모두 비어 있다. 대원들은 먼저 여섯 가지 질문의 순서를 결정하여 깔때기 윗부분부터 아래 방향으로 배치했다.

"무엇이 문제일까?" "근본 원인은 무엇일까?" "어떤 해결책이 있을까?" "실제 가능할까. 어떤 모습일까?" 이렇게 배치를 하고 보니 나머지 한 개 질문의 위치가 고민되었다. "어떻게 개선할까?"라는 질문인데 실제 실현된 모습, 모형을 만들어 보면 뭔가 개선할 점이 나오지 않을까, 하는 생각으로 마지막에 배치했다. 이제 실제로 대원들이 이 순서에 따라 쓰레기 문제에 대한 나름의 해결책을 찾는 활동을 해보기로 했다.

"쓰레기 관련 문제 중에 가장 관심이 가고 공감되며 해결책을 마련해 보고 싶은 주제는 무엇인가요?"

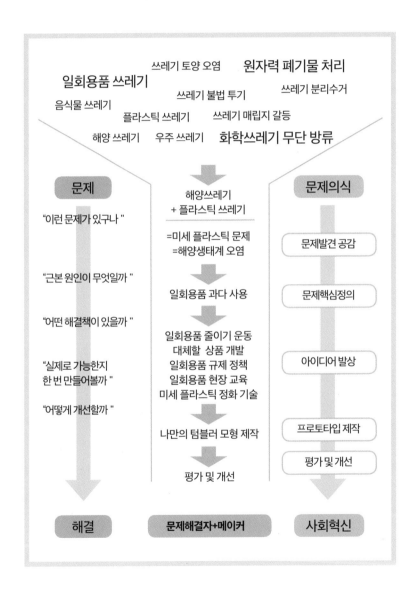

대원들은 대화를 나누고 깔때기 위의 여러 문제 중에 해양 쓰레기와 플라스틱 문제에 집중해 보기로 했다. SDGs를 학습하는 과정에서 접한 이 문제가 가장 충격적으로 마음에 남아 있었다. 이후 토론을 거쳐 단계별로 그 문제의 해결책을 찾아보았고, 그 결과를 깔때기의 가운데 부분에 채우고 발표했다. 발표는 대원들이 번갈아 가며 단계별로 설명했다.

"우리가 발견한 문제는 해양 쓰레기와 플라스틱 쓰레기입니다. 특히 미세 플라스틱 문제가 가장 심각한 해양 생태계 오염의 원인이라고 보았습니다."

"하지만 문제 해결을 위해서는 그 문제의 진짜 핵심이 무엇인지 찾아야 합니다. 우리는 토론을 통해 그 문제의 핵심이 바로 '일회용품 과다 사용'이라고 결론을 내렸습니다."

"이 문제를 해결하기 위한 매우 많은 아이디어를 꺼냈습니다. 브레인스토밍과 마인드맵 방식을 번갈아가며 아이디어를 꺼냈는데 아주 재미있는 작업이었습니다. 이때 나온 아이디어를 소개하자면 일회용품 줄이기 운동, 일회용품을 대체할 도구 및 상품 개발, 일회용품 규제를 위한 정책 제안, 일회용품 사용에 대한 교육 프로그램, 그리고 미세 플라스틱 정화 기술 개발 등입니다."

"하지만 이 모든 해결책 중에 우리가 직접 할 수 있는 실천은 지극히 제한적입니다. 물론 전문가들에게 제안할 수는 있겠습니다. 또 시간이 오래 걸리는 것도 있고 당장 시작할 수 있는 것도 있습니다. 아이디어를 포기하기는 너무 아까웠지만 그래도 우리가 실천할 수 있는 것을 찾아보았고, 우리가 찾은 최종 실천은 '나만의 텀블러 제작'이었습니다. 기타 다른 여러 아이디어는 필요한 전문가와 관계 기관 홈페이지에 의견을 올리기로 했고요."

"아이디어를 선택한 다음 우리는 텀블러 스케치를 해보았습니다. 들고 다니기에 무겁지 않고, 가방에 걸기에도 예쁘며 음료나 물을 담아도 변색이 되지 않는 디자인을 구상해 보았습니다. 일반 시중에 파는 텀블러와는 달리 각자 자신의 개성을 표현할 수 있는 방식으로 바깥쪽 표면을 이중으로 제작하여 그 사이에 글, 그림 등을 넣어서 볼 수 있는 구조로 스케치했습니다."

화면에는 학생들이 연필로 스케치한 텀블러의 설계도가 등장했다. 디자이너의 작품 노트에 있을 법한 초안을 보는 듯했다.

"발표 잘 들었습니다. 그럼 한번 실제 모형을 만들어 볼까요?"

마티나는 구석에 있는 박스 하나를 가리켰다. 박스의 표면에는 문구가 새겨져 있었다.

"Change Maker Box for Design Thinking."

세상의 변화를 만드는 사람들의 도구 박스로 해석될 수 있다. 박스의 내부는 2개의 칸으로 구분되어 있었다. 한쪽에는 가위, 칼, 풀, 실, 단추, 도화지, 골판지, 작은 망치, 심지어 전기로 물건을 자르는 열 커터와 납땜 도구도 있다. 뭔가를 만들기 위한 기본 도구가 꽉 찼다. 하지만 다른 칸에는 전혀 짐작할 수 없는 도구가 들어 있다. 무슨 회로판들이 여러 개 있고, 그 회로판에 연결되는 선 종류, 그리고 작은 모터와 전동 도르래도 있다. 자세히는 모르지만 자동적인 움직임을 만들어내는 센서, 회로, 전동장치 등이다. 대원들은 기본 칸의 도구를 꺼내 골판지와 얇은 투명 셀로판지를 활용하여 그림으로 존재하던 텀블러 모형을 실제로 제작해 보았다. 물론 비슷한 형태로 만들어 보는 수준이었다.

그런데 만드는 과정에서 예상치 못한 일들이 벌어졌다. 실제로 제작을 해보니 계획과는 다른 의견이 나오면서 기능을 수정하게 된 것이다. 다시 말해 더 나은 개선 작업이 일어났다. 제작 이후, 대원들은 이를 사진으로 찍고 화면으로 띄워 개선된 부분까지 설명했다. 대원들의 마음속에는 말로 표현할 수 없는 성취감으로 가득했다.

"여러분은 지금 디자인씽킹이라는 문제 해결 교육과 사회 혁신 교육을 모두 경험했습니다. 짧은 시간 동안 전 과정을 압축하여 경험한 여러분의 집중력에 박수를 보냅니다."

처음 화면에 있던 깔때기의 오른쪽에 디자인씽킹의 실제 단계 용어가 차례로 채워졌다. 문제발견 및 공감, 문제 핵심 정의, 아이디어 발상, 프로토타입 모형 제작, 그리고 마지막 칸에는 평가 및 개선이 적혔다. 대원들이 마지막 단계에서 텀블러를 만들면서 기능을 일부 수정한 것까지 빈칸에 채워졌다. 이 모든 과정이 '디자인씽킹'이라는 것을 다시 한 번 경험적으로 깨달았고, 디자인씽킹의 현실화 과정에 '제작making'이 들어가는 것을 알았다. 그리고 이 모든 과정을 통해 궁극적으로는 사회의 변화와 사회 혁신을 이루는 것이 목적이고 이를 만들어내는 사람을 '체인지메이커'라고 부른다는 점도 배웠다. 여기에 더하여 마티나는 '인간 중심 문제 해결'에 대해 개념을 소개했다.

"4차 산업혁명 시대부터는 그전까지와 전혀 다른 모습의 인재를 요구했습니다. 정해진 매뉴얼과 시스템에 쉽고 빠르게 적응하는 능력보다는 문제를 찾고 해결하는 인재가 필요했습니다. 이런 인재는 세상의 다양한 문제를 해결하는 '인간중심 문제 해결자Human Centered Problem Solvers'라고 불립니다. 이들은 두 가지 공통점이 있습니다. 디자인씽킹이라는 문제 해결 과정을 거친다는 점, 그리고 과학적 기술력을 결합하여 결과적으로 시제품(프로토타입)을 만든다는 점입니다."

활동을 마무리할 무렵 마티나는 과제를 주었다. 깔때기 모형은 사실 디자인씽킹의 과정을 설명하기에 딱 알맞은 최선의 모형은 아니다. 그래서 디자인씽킹의 단계에 어울리는 다른 구조 또는 상징적 이미지를 찾아달라는 것이었다. 대원들은 이 부분에 대해 대화하면서 문제 해결을 위해 아이디어를 사용하는 과정에서 어떤 공통점을 찾아냈다.

"쓰레기 문제라는 하나의 주제에서 다양한 쓰레기 문제로 확대되었어."

"확대된 쓰레기 문제 중에 한두 가지 문제에 다시 집중했고, 문제의 핵심을 찾아냈어."

"문제의 핵심을 풀기 위해 다시 아이디어를 다양하게 펼쳤어."

"펼친 아이디어 중에 실천 가능한 최적의 아이디어를 선택했어."

"선택한 아이디어를 실제 모형으로 제작했지."

"그리고 우리가 만든 텀블러를 실제로 많은 사람에게 알리고 확산시킬 거야."

대원들이 문제 해결을 찾는 과정에서 수렴과 확장이 반복된다는 사실을 발견했다. 이를 토대로 대원들은 다이아몬드가 여러 개 연결되는 확장과 수렴의 디자인씽킹 모형을 그릴 수 있었다.

한편 디자인씽킹의 아이디어 도출과 문제 해결 과정에는 단계별로 어떤 역량이 필요할까. 어떤 능력을 키워야 디자인씽킹을 일상화하고, 더 나아가 사회의 변화를 만드는 데 기여할 수 있을까. 문제 공감, 문제 정의, 아이디어 도출, 모형 제작, 평가 및 개선, 각 과정에서 필요한 역량들을 살펴보면 아래 그림과 같다. 사실 정해진 답이 있는 것은 아니다. 아래 필요한 역량에서도 서로 겹치기도 한다.

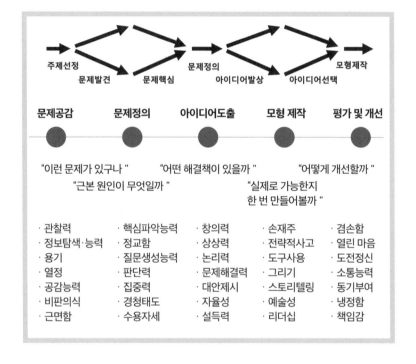

전 세계적으로 불고 있는
디자인씽킹 열풍

누구나 디자이너처럼 생각하고 창조적으로 문제를 해결할 수 있다. 이를 가능하게 하는 것이 디자인씽킹이다. 디자인씽킹은 다섯 가지 과정으로 진행된다. 공감하기, 문제 정의하기, 아이디어 창출하기, 모형 제작하기, 평가 및 개선, 즉 사고방식을 체계적으로 훈련해 가는 과정이다. 마티나는 별도의 학습으로 디자인씽킹 개념을 가볍게 다루고자 했다.

"디자인 하면 무엇이 떠오르는지 얘기해 볼까요?"

"디자이너요."

"그림이요. 무엇이든 잘 그려요."

"글보다는 그림이나 이미지로 내용을 전달해요."

"가방이나 전자제품 또는 건물 디자인이요."

"복잡하지 않고 단순하게 느낌을 전달해요."

핵심을 잘 말했다. 디자인이라고 하면 우리는 자연스럽게 제품디자인, 사물디자인을 떠올린다. 그런데 이러한 디자인의 단순화된 전달 방식, 이미지 중심 전달 방식 등의 효과를 다른 영역에서도 사용할 수 있다. 제품디자인이 아니라 지식디자인, 사고디자인처럼 문제 해결의 과정에도 디자이너의 사고법을 적용하기 시작했다. 기존 디자인 방식의 장점을 최대한 활용하기 위해 지식디자인은 '실용'적인 것에 집중하고, '단순'함으로 표현하며 이를 위해 선과 이미지, 기호 등의 상징성을 최대한 활용한다. 단순화된 아이콘도 중요한 소재다. 단순한 상징 이미지로 표현하는 것을 느껴 보기 위해 마티나는 문제 해결의 다섯 가지 과정을 단순한 아이콘으로 표현해 보게 했다. 모형 제작 칸에는 공구 그림이 그려져 있다. 나머지 네 가지만 채우면 된다.

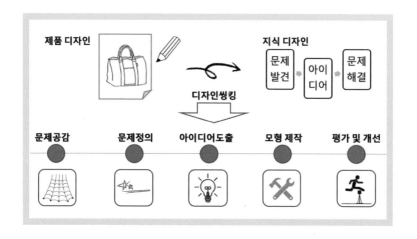

문제 공감 단계는 고기 잡는 그물 이미지가 채택되었다. 문제를 싹 거두어들이겠다는 의도인 것 같은데 좀 유치한 발상임을 대원들 스스로도 알았지만 그들은 서로를 다독였다.

"디자인은 단순함이야."

"디자인은 강렬함이지."

"디자인은 느낌이 한 번에 딱 와야지."

"너무 유치해서 잊히지 않을 정도로 메시지가 강하다."

문제 정의 단계는 문제의 핵심을 파악하는 것이기에 '별표와 밑

줄 쫙'을 그려 넣었다. 아이디어 도출은 너무 뻔하지만 글로벌 표준으로 자리매김을 한 '전등 반짝'으로 결정했다. 평가 및 개선은 '허들 뛰어넘기' 이미지를 단순하게 표현했다.

발표를 마친 뒤, 마티나는 느닷없이 미국의 대학 마크 하나를 보여 주었다. 아래에는 영어로 'd·school Institute of Design at Stanford'이라고 적혀 있다. 디자인씽킹의 발상지이자 전 세계적으로 이름을 알리는 데 가장 큰 영향을 준 곳이 바로 스탠퍼드대학교의 디스쿨이다.

대원들은 디스쿨에 대한 자료조사 후 디스쿨을 대표할 수 있는 간단한 아이콘을 만들어 마티나에게 전송했다. 첫 번째 이미지는 화이트보드다. 두 번째 이미지는 소파, 세 번째 이미지는 포스트잇, 네 번째 이미지는 공구박스다. 돌아가며 이미지에 대해 설명했다.

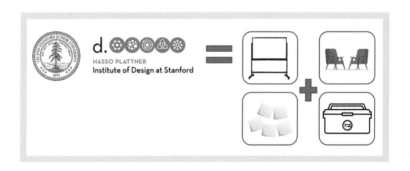

"스탠퍼드대학교의 디스쿨에는 화이트보드가 참 많습니다. 끊임없이 쓰고 지우고 그림 그리고 새롭게 연결하는 작업을 반복합니다. 번뜩이는 아이디어를 쓰고 지우기를 반복하기에는 화이트보드만 한 게 없어요."

"디스쿨이라고 불리는 이곳에는 소파들이 있는데 학생과 교수, 학부생과 박사들이 모두 함께 앉아 수평적으로 대화하면서 토론하고 협업하는 것이 아주 일상적인 장면입니다. 그야말로 아이디어가 생산되는 분위기로 충만합니다. 이곳에는 표어가 적혀 있어요."

"자신은 다른 생각을 가진 사람과 함께 움직인다Work with people having different thoughts."

"디스쿨을 보여 주는 또 다른 이미지는 포스트잇입니다. 디스쿨의 여러 워크숍 사진을 보았는데 모든 벽에 무엇인가가 잔뜩 붙어 있어요. 특히 포스트잇이 많은데, 그냥 대충 붙어 있는 게 아니라 나름의 색깔과 위치 및 주제와 같은 특유의 질서가 있어요."

"공구박스를 그린 이유는 디스쿨의 '프로토타입 룸'을 표현하기 위해서입니다. 무엇인가를 만드는 데 필요한 거의 모든 도구와 공구가 다 있는 것 같았어요. 그러니까 옆방에서 토론하고, 그 토론 결과를 가지고 이곳에 와서 뭔가를 만드는 느낌이 들어요. 디스쿨이 혁신의 상징이 되는 이유는 이러한 토론과 제작, 이론과 현실이 공존하는 문화 때문인 것 같아요. 사진과 영상만 보았는데도 심장이 막 뛰고 흥분되더라고요."

마티나는 디자인씽킹이라는 용어를 한 번 더 자세히 풀어 주었다. 디자인씽킹이란, 문제 해결에 있어서 디자이너들이 문제를 풀던 방식대로 사고하는 것을 말한다. 디자인은 우리가 흔히 생각하는 '외형적인 아름다움'뿐만 아니라 '실용적이고 기능적인 문제'를 해결해 나가는 과정이다. 쉽게 말해 '문제를 해결하기 위해 설계를 바꿔 나가는 것'이 디자인이라고 볼 수 있는데, 디자인씽킹은 이러한 '사고방식'을 일상의 다양한 문제를 해결하는 데 접목하는 것을 일컫는다.

디자인 사고를 위한
비주얼씽킹

SDGs를 학습하는 과정에서 이미 대원들은 이런 디자인적인 사고 과정을 일부 이해했다. 특히 마티나가 제시하는 다양한 활동의 결과물을 만들 때마다 간단한 이미지를 사용하여 한눈에 이해되는 구조로 설명하는 방식이 많았다. 이런 활동 방식이 바로 디자인적 사고의 전달 방식이다. 마티나는 이번 활동에서 텍스트가 아닌 이미지 중심의 디자인적 사고를 위해 몇 가지 훈련을 준비했다.

"우리의 일상은 수많은 디자인 요소로 가득합니다. 단순화된 상징적 기호로 메시지를 전달하는 방식이죠. 가장 흔하게 볼 수 있는 것이 도로의 표지판이나 생활 가전제품의 주의 표시입니다. 몇 가지 예시를 보고 다른 상징을 한번 창조해 볼까요?"

주변에서 쉽게 접할 수 있는 '흡연 금지' 표지판이 화면에 보인다. 잠시 후 등장한 그림을 보고 대원들은 웃음을 터뜨렸다. '좌절 금지' 표지판이다. 흡연 금지의 기본 상징에 담배 대신 사람이 엎드린 장면을 넣었다. 이를 보고 대원들은 흥미롭게 다양한 상징을 만들어 보았다. 높이 쌓인 접시 이미지를 넣고 '과식 금지'라고 적었다. 술병을 그려 넣고 '과음 금지'라고 적었다. 한번 물꼬가 트이니 장난스러운 아이디어가 터져 나왔다. 낚시 금지, 소변 금지, 잔소리 금지, 코골이 금지, 방귀 금지, 트림 금지 등 마티나가 말리지 않았다면 금지 표지판을 수십 개 창조할 것 같다. 이 활동은 기본 트레이닝에 속한다.

그다음 단계는 좀 더 심화된 훈련이다. 예시 화면은 의류 상표에 흔히 보이는 '다림질 금지' 표시다. 이것을 보고 누군가 마음 따뜻한 광고 표시를 만들었다. 동그라미 안에 다리미를 그려 넣고 '마음 펴기'라고 적은 것이다. 기발한 발상이 아닐 수 없다. 그런데 누군가 이것을 보고 다른 아이디어를 냈다. 동그라미 안에 실타래가 풀린 이미지를 넣고 '화 풀기'라는 표지판을 만든 것이다. 뭔가 긍정적인 상태를 유도하는 표지판을 만드는 흐름이다. 또한 직접적인 내용의 그림을 넣지 않고, 전혀 다른 영역의 대상을 가지고 와서 의미를 부여하는 방식에서 창의성이 빛난다. 이제 대원들도 같은 방식으로 톡톡 튀는 아이디어로 표지판을 만들어 볼 차례다. 역시 다양한 아이디어가 나왔고 각각을 설명했다. 일단 첫 번째 발표자가 사과 그림을 넣고 '사과하기'라고 했다가 엄청난 야유를 들어야 했다.

"다이빙 점프대를 그렸습니다. '용기 내기'라는 의미입니다."

"장미꽃 한 송이입니다. '고백하기'라는 뜻이에요."

"상처에 바르는 연고를 그렸어요. '마음 아물기'로 정했습니다."

"목발 이미지는 '극복하기'를 나타냅니다."

"화장실 '사용 중' 문고리입니다. '인내하기'라는 의미죠."

빛나는 아이디어가 넘쳐났다. 위트가 있고, 메시지도 있다. 이것이 바로 단순화된 이미지가 주는 메시지 효과다. 이러한 기법을 '비주얼씽킹'이라는 명칭으로 부르기도 한다. 비주얼씽킹이란 '생각과 정보를 그림으로 기록하거나 표현'하는 방법론이다. 그림을 그리는 것이라

흡연금지 → 좌절금지 → 과음금지 → 잔소리 금지

다림질금지 → 마음 펴기 → 화 풀기 → 아픔 극복하기

고 생각하면 걱정이 앞설 수 있지만, 비주얼씽킹은 간단한 방법을 사용하는 것이다. 몇 가지 방법론을 살펴보자면, 첫 번째는 단순화다. 모양이 있는 것들은 큰 특징만 뽑아 그리는 것이다. 두 번째 방법으로는 도형을 이용하는 것이다. 원, 세모, 네모, 별, 원뿔 등 도형을 활용하면 된다. 세 번째 방법으로는 삐뚤빼뚤 그리기다. 바른 모양이 아니라 흐트러진 모습을 편안하게 그리면 결과적으로 더 정감이 간다. 이 정도만 이해해도 그림을 잘 그려야 한다는 부담을 덜어낼 수 있을 것이다.

디자인씽킹 1단계
문제를 발견하라

방법 ① 가장 손쉬운 방법, 데스크 리서치

　본격적인 디자인씽킹의 첫 단계는 문제발견이다. 문제를 어떻게 발견할 수 있을까. 가장 손쉬운 방법은 데스크 리서치다. 간접적인 매체를 통해 정보를 확인하는 것이다. 데스크 리서치는 엄밀히 말해서 논문이나 보고서 등을 분석하는 것이지만, 학생 수준에서는 어떤 주제에 대해 정보 검색을 통해 의미 있는 정보를 찾아내는 것이다. 데스크 리서치는 그 특성상 문제를 찾을 때 해결책이 종종 제시되곤 한다. 마티나는 종합 일간 신문을 한 부 보여 주었다.

　"신문은 지면마다 분야가 있습니다. 신문 전체를 함께 훑어보면서 어떤 분야가 있는지 메모해 볼까요?"

　정치, 경제, 사회, 문화, 교육, IT, 역사, 미래, 국제, 인물, 방송, 예술, 영화, 사설, 만평, 광고, 스포츠, 연예, 날씨, 증시, 부동산, 환경 등 분야가 다양하다. 마티나는 대원들에게 각각 분야를 몇 개씩 나눠서 그 지면을 가볍게 훑어보면서 일상의 문제, 혹은 국제적 이슈를 찾아보게 했다.

　"정치 분야에서는 정당끼리 논쟁하는 이야기밖에 없어요. 이 분야의 문제를 찾기보다는 정치 그 자체가 문제인 것 같아요."

"국제 분야에서는 선진국 간의 보호무역과 자유무역 싸움의 격화를 다루고 있어요."

"IT 분야에서는 인공지능 아나운서에 대한 기사가 났고 이에 대한 찬사와 우려의 입장을 실었어요."

"경제 분야에서는 블록체인에 대한 논쟁이 실렸어요."

"교육 분야에서는 저소득층 무상급식 문제를 다루고 있어요."

"기후 분야에서는 초미세먼지 기사가 있어요."

"부동산 분야에서는 지방 소도시의 출산율 저하와 고령화로 인한 도시 소멸 문제를 심각하게 다루고 있어요."

"사회 분야에서는 일부 관광도시의 쓰레기 문제에 집중하면서 국내 하루 생활 쓰레기 통계를 분석하고 있어요."

아침에 배달된 신문 한 부를 간단하게 헤드라인 중심으로 검토했는데, 그 속에 수많은 현실의 이슈와 문제가 담겨 있다. 놀라운 점은 발표한 이슈들이 지속가능한 발전목표 SDGs의 분야와 다수 겹친다는 것이다. 신문 한 부의 제목만 봤을 뿐인데 말이다. 이러한 정보가 매일 쏟아진다.

"그중에 한 가지 이슈에 주목해 볼까요? 국내 하루 버려지는 생활 쓰레기가 1.7초에 5톤 트럭 1대 분량으로 발생한다는 문제에 집중해 봅시다. 세부적인 정보를 찾아볼까요?"

"한국인들이 매일 버리는 쓰레기양은 1인당 929.9g입니다."

"그중 음식물 쓰레기가 40%, 재활용 쓰레기는 33%, 종량제 봉투에 버린 쓰레기는 27%입니다."

"전체 재활용 쓰레기 가운데 분리수거 된 비율은 69.1% 정도입니다."

"한국의 자원 재활용률 현황은 독일, 오스트리아에 이어 세계 3위입니다."

"1인당 폐기물 발생량은 경제협력개발기구OECD 평균치인 1425g보다는 적은 편이나, 일회용품 사용을 줄이는 등 발생량을 줄이고 재활용을 늘릴 여지가 많이 있습니다."

기본적인 자료조사를 통해 쓰레기양, 쓰레기 종류, 처리 방식, 재활용 분포, 또는 불법적인 쓰레기 투기, 이에 대한 해결책과 다양한 정책, 시민의식의 변화 등을 확인할 수 있다.

신문 기사에서 문제가 되는 쟁점을 찾고 이를 좀 더 알아보는 과정에서 마티나는 신문 이외의 다른 매체와 도구를 사용하도록 했다.

"《도시문제》라는 학술잡지에 도시의 쓰레기 문제에 관한 내용이 있습니다."

"『에코문화디자인을 교육하다』라는 도서에는 디자인씽킹 차원에서 쓰레기 문제 사례를 들고 있습니다."

"〈그것이 알고 싶다〉라는 고발 프로그램에서 '원룸촌 쓰레기 문제편'을 방영한 자료가 있습니다."

"〈TED〉 강연 중에는 제프 키르쉬너의 '쓰레기 수거를 재밌게 하는 앱'에 대한 강연을 볼 수 있어요."

"국립민속박물관이 프랑스 국립유럽지중해문명박물관과 함께 특별전 '쓰레기X사용설명서'라는 전시회를 개최했습니다."

"학술논문 중에 「발등에 떨어진 '쓰레기와의 전쟁'」이라는 자료를 찾았습니다."

신문뿐만 아니라, 다양한 매체 도구를 통해서 동일 주제에 대한 여러 정보를 입체적으로 접할 수 있다. 이러한 접근법은 디자인씽킹의 초기 자료조사에 적합하다. 문제를 발견하기 이전에도 가능하지만, 분야나 주제를 정한 뒤 사전조사 성격으로 진행할 때 효과가 크다. '데스크 리서치Desk Research'는 원래 경영, 경제 등에서 사용되는 사전조사 방법론이다. 보고서, 논문, 규정, 문건 등을 살펴보고 사전 연구를 하는 과정이다. 특히 새로운 제품이나 서비스의 개선을 끌어내는 정보의 원천은 시장이나 데이터인 경우가 많다. 이러한 방법론을 문제 해결의 과정에서 초기 문제발견의 사전조사 기법으로 사용해 보는 것이다. 특정 분야나 주제가 정해지면 조사가 더욱 쉽게 이루어진다.

방법 ② 그림자처럼 밀착 취재하는 섀도잉

데스크 리서치는 간접적 자료조사 방법이다. 문제를 발견하기 위해서 직접 조사도 충분히 가능하고 또한 필요하다. 직접 조사의 방법 중 특별한 현장 조사 방법으로 '섀도잉Shadowing 기법'이 있다. 말 그대로 그림자처럼 동행하면서 관찰하는 방법이다. 마티나는 대원들에게 VR 장비를 사용하게 했다. 가상현실을 체험하는 VR을 머리에 쓰자, 눈앞에 실제 휠체어 장애인의 움직임이 보였고, 그 뒤를 대원들이 따라가는 영상이 펼쳐졌다. 장애인들이 겪는 어려움을 해결하려면 실제 그들의 입장이 되어 삶 곳곳에 있는 불편함과 고충을 이해해야 하기에 섀도잉 기법을 활용해서 문제점을 찾는 것이다.

"휠체어 장애인 또는 특정 장애가 있는 사람이 일상을 살아가는 동안 어떤 점에 어려움을 느낄지, 그리고 장애인으로 살아가는 동안 생애 구간마다 어떤 결핍이 있을지 그림자 기법을 적용해서 찾아보세요."

대원들은 가상현실에서 장애인의 휠체어를 따라다니며 경험하고 느낄 수 있었다. 지하철, 극장, 학교, 마트, 식당, 공원, 거리를 함께 걸었다. 일상에서 TV를 보거나, 독서를 하거나, 식사를 하는 등의 생활도 경험해 보았다. 물론 가상현실이지만 현실감이 있었고, 여기저기서 대원들의 탄식과 가느다란 한숨 소리가 들렸다. 사회적 약자를 배려하지 않은 공공시설 때문에 무엇을 할 때 시간이 오래 걸리고, 부딪히고, 막혔다.

"극장에서 엘리베이터를 탔는데, 상영관 입구와 내부의 계단에서 막혔어요."

"학교에서 함께 수업을 듣고 싶은데 통합교육을 하지 않는 곳이 많아요."

"마트에서 휠체어를 운전하면서 카트 운전하는 게 어려워요."

"식당에서 통로와 테이블 사이 간격이 좁아 휠체어가 못 들어갔어요."

"평지공원은 괜찮은데, 숲속 생태공원 길은 너무 좁고 진입이 어려워요."

"거리의 인도가 고르지 않아요. 자전거 길은 좋은데, 들어가기에는 위험하고요."

시각장애인의 섀도잉 활동도 했는데, 가장 힘들었던 것은 이동의 불편함이었다. 점자로 번역된 책이 한정된 점도 아쉬웠다. 일상생활에서 TV와 에어컨을 조절하는 것부터 다른 생활 편의시설을 이용하는 것 모두 불편함이 컸다. 이번에는 장애인 일생의 생애주기를 섀도잉 기법으로 살펴봤다. 이 부분은 VR로 경험하는 데도 한계가 있었다. 그래서 VR로 경험했던 일상의 공감을 살펴, 생애를 살아가면서 어떤 어려움이 있을지 자료조사를 토대로 의견을 나누어 보았다.

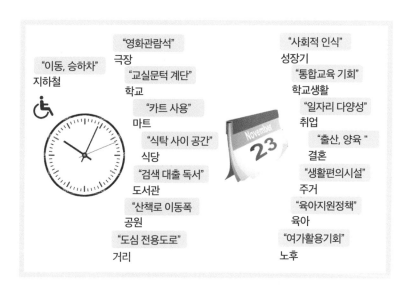

"성장기에는 교육 혜택을 공평하게 누리는 게 중요한 논쟁거리가 될 것 같아요."

"특히 학교생활에서는 편견 없이 장애인과 비장애인이 함께 교육을 받는 부분이 중요할 것 같고, 현실이 이를 뒷받침하지 못해 걱정됩니다."

"학교를 졸업하고 취업을 하는 것도 또 다른 높은 문턱이 존재할 것 같아요. 일할 수 있는 분야와 직무에 제한이 있어 장애인 일자리와 고용이 문제입니다."

"다양한 사람과의 교류와 소통, 연예와 결혼 등에 대한 문화 및 사회의 섬세한 인식과 배려도 필요할 것 같아요. 다양한 사람을 만나야 하는데 이 부분이 충분하지 않을 것 같아요."

"주거 부분은 생활의 편의성인데요. 법적으로 건축법을 더 다듬어서 처음 설계부터 장애인 거주가 가능한 시설, 구조, 시스템 등이 필요합니다. 지금의 건축물은 대부분 일반인을 위한 구조입니다."

"장애인 부모로서 육아할 때 아기에게 필요한 것을 제공하고, 아이가 크기 전까지 유치원에 맡기고 찾는 등의 사소한 일부터 어려움을 겪을 것 같아요."

"장애인들도 노후에 여행을 다니며 삶을 누리면 좋겠는데, 여행의 시작부터 끝까지 정말 누가 붙박이로 책임져 주지 않는 한 큰 어려움이 있을 것 같습니다."

섀도잉 기법은 대상자의 행동과 경험을 '그림자'가 되어 직접 관찰해보면서, 문제가 발생하는 순간을 포착하고 해결의 실마리를 발견하는 활동이다. 이 기법을 활용하려면, 먼저 섀도잉을 진행할 대상자를 선정하는 기준을 정하고, 적합한 대상자를 골라 무엇을 관찰할지 준비해야 한다. 주의할 점은, 대상자가 관찰자의 존재를 인지할 경우 평상시와 다르게 행동하거나 결정할 수 있다는 것이다. 최대한 눈에 띄지 않는 상황에서 조사 대상자의 자연스러운 모습을 관찰하는 것이 중요하다. 섀도잉 기법에 활용할 만한 동행 유형으로는 초등생 하굣길 동행, 체험학습 동행, 국립공원 구간 동행, 생태공원 동행, 출근길 동행 등이 있다.

방법 ③ 현장을 관찰하는 모니터링

디자인씽킹의 첫 단계는 문제발견과 문제 공감이다. 문제의식을 가지고 일상을 관찰하다 보면 조금씩 소재가 축적된다. 창의적인 사람은 갑자기 특별한 아이디어를 뚝딱 만들어내기도 하지만 대부분은 꺼낼 수 있는 아이디어를 평상시에 쌓아둔 사람이다. 창의성은 어느 순간 갑작스런 발상처럼 보이지만, 일상의 노력과 훈련의 결과다.

일상에서 세상을 바라보는 노력을 하다 보면 '시야'가 형성된다. 시야는 폭이 넓어야 한다. 경제, 사회, 환경을 넘나드는 다양한 분야의 이슈를 바라보면서 시야가 넓혀진다. 시야를 유지하며 살다 보면 '시각'이 형성된다. 폭넓은 시야가 만들어낸 깊이 있는 시각이다. 수많은 정보를 받아들이는 레이더가 시야라면, 그중에서 중요한 것을 추리는 필터가 시각이다. 이러한 과정이 반복되다 보면 어느 한 가지 주제에 아주 깊이 들어가는 순간이 온다. 나름의 주제의식이 형성되고, 그 주제에 대해 누군가에게 설명하거나 설득할 수준에 이른다. 폭넓은 시야와 깊이 있는 시각을 지나 '날카로운 시선'에 이른 것이다.

이 모든 과정에 필요한 것이 '관찰력'이다. 관찰력을 바탕으로 문제를 발견하는 기법이 '모니터링Monitoring'이다. 데스크 리서치는 문헌조사, 자료조사 방법이고 섀도잉 기법은 밀착 동행을 통해 문제를 발견하는 기법이다. 데스크 리서치는 자료 선정이 중요하고, 섀도잉 기법은 대상 선정이 관건이다. 모니터링 기법은 현장 선정이 핵심이다.

"문제를 발견하는 모니터링 기법은 현장에 참여하여 직접 관찰을 통해 문제를 발견하는 것입니다. 쓰레기 불법 투기의 일상적인 모습을 관찰하고 그 해결책으로 사람들이 제시하는 방법을 입력해 보세요."

대원들은 바로 현장에 갈 수 없기에 위성 로드뷰 검색엔진을 통해 자신들이 사는 지역의 거리와 골목을 보면서 일상의 기억을 되살려 보았다. 이후 쓰레기 투기의 생활심리학에 대한 얘기를 나눴다. 몇 가지 발견한 통찰을 발표했다.

"쓰레기 불법 투기는 주로 야간에 이루어집니다."

"쓰레기 불법 투기 CCTV를 보면 대부분 혼자 와서 버립니다. 두 명 이상이 함께 투기를 하는 경우는 드물어요."

"이건 좀 특별한 관찰인데요. 쓰레기가 버려지는 곳에는 꼭 전봇대가 있어요. 이유는 잘 모르겠어요. 전봇대를 쓰레기 투기의 깃발로 보는 것일까요. 참 이상해요."

"전봇대도 있지만, 담벼락이 있는 곳도 쓰레기 투기가 발생하는 조건입니다. 뭔가 기댈 곳이 필요해서 그런 것 같아요."

"쓰레기 투기는 중독성이 있는 것 같아요. 한 번 버린 사람이 계속 버립니다."

"더 중요한 점이 있습니다. 쓰레기 투기 장소에는 무서운 경고문구가 담벼락에 붙어 있다는 거예요. 그런데도 계속 버리는 건 뭘까요?"

대원들은 발표를 하면서 전봇대, 담벼락, 쓰레기 봉지들, 양심 거울, 경고판, CCTV 등을 그렸다. 발표가 마무리될 쯤에는 화면이 그야말로 쓰레기 불법 투기의 온상이 되어버린 주변 골목 어귀의 모습으로 바뀌었다. 이처럼 일상의 현장 관찰, 현장 답사를 통해 정보를 축적하고 문제를 발견하는 것이 모니터링 기법이다.

모니터링 기법은 전문적인 디자인씽킹 방법의 하나로, '에스노그래피Ethnography'라는 기법과 유사하다. 이는 그야말로 현장 관찰 작업이다. 특정 장소, 특정 대상을 관찰하여 그 특징을 파악하는 것이다. 때로는 특정 집단에 소속이 되어 참여하면서 관찰하기도 한다. 이를 청소년들을 위한 디자인씽킹에서는 관찰 기법 정도로 해석하고 모니터링이라는 용어로 표현하기도 한다. 일상을 관찰하고 그 속에서 문제점을 찾는 식이다. 사소한 일상 외에 매우 특정한 테마를 관찰할 수도 있다. 예를 들어, 주변 하천 관찰, 주변 공원 관찰, 주변 도로 관찰, 주변 골목 관찰, 주변 공사장 관찰, 주변 놀이터 관찰, 주변 청소년 관찰, 주변 취약 계층 관찰 등이다.

방법 ④ 현장의 목소리를 듣는 심층 인터뷰

디자인씽킹의 문제발견 기법으로 데스크 리서치, 섀도잉, 모니터링 방법을 알아보았다. 각각 독립적인 문제발견 기법이지만 필요에 따라서는 한 번에 모두 활용할 수도 있다.

"다양한 문제발견 기법으로 해소되지 않은 현장의 어려움, 문제점, 필요는 어떤 방법으로 찾아낼 수 있을까요?" 마티나의 질문을 듣자마자 누군가 외쳤다.

"그냥 물어보면 어때요? 불편한 점이나 필요한 것이 없냐고. 그럼 간단히 찾을 수 있을 것 같아요."

심층 인터뷰 기법In-depth Interview이다. 개인, 그룹, 전문가 등 각 대상자들이 과제와 관련해 느끼는 문제점, 상황, 숨겨진 요구 등을 질문하고 대답하는 인터뷰 형식으로 파악한다. 사전에 대상에 대한 인터뷰 질문을 미리 만든다. 그 질문들 중에서 우선순위를 정한다. 인터뷰에서 말한 내용을 해석하지 말고 그대로 받아 적는다. 대상자의 행동 및 주변 환경을 함께 관찰하고 기록한다. 기록이 어려울 때는 녹음기를 활용하고 중요 키워드 중심으로 적어 본다. 이를 이해시키기 위해 마티나는 사회의 변화 중심에 있는 대상을 선정하여 가상의 심층 인터뷰를 진행해 보기로 했다.

일단 인터뷰 전에 대원들이 데스크 리서치를 통해 '혼밥', '혼술', '혼쇼핑' 등으로 대표되는 '1인 가구'에 대해 사전조사를 했다. 기본 정보가 없으면 인터뷰에 한계가 생긴다.

"1인 가구가 많아지고 있습니다. 1인 가구가 생활 속에서 느끼는 불편함을 직접 인터뷰 혹은 가상 인터뷰로 공감한 후 문제점을 입력하세요."

대원들의 역할을 구분하여 가상의 1인 가구 주인공을 앞에 세우고 모의 심층 인터뷰를 진행했다. 음성을 인식하여 바로 텍스트로 바꿔주는 프로그램을 사용하여, 인터뷰 질문과 답변이 화면에 실시간으로 보인다. 섀도잉 기법과 모니터링 기법을 적용하여 화면에 집, 출퇴

근길, 마트, 여가시간 등으로 시간과 장소를 나눠 인터뷰가 진행되면서 1인 가구가 느끼는 어려움, 문제점 등 다양한 속마음을 읽어 보았다.

여기서 마티나는 문제발견의 조사 및 인터뷰 기술을 제시했다. 결점 열거법, 희망 열거법, 속성 열거법, 특성 열거법, 그리고 브레잉 스토밍, 체크리스트 등이다.

- **결점 열거법**: 불편하거나 마음에 들지 않는 점을 나열하는 방법.
- **희망 열거법**: 대상에게 바라는 점을 나열하는 방법.
- **속성 열거법**: 체크리스트의 일종으로, 주어진 문제나 개선이 필요한 물건의 다양한 속성을 목록으로 작성하는 방법.
- **특성 열거법**: 대상의 다양한 특성 및 특징을 나열하는 방법.
- **브레인스토밍**: 한 가지 문제를 놓고 여러 사람이 회의를 통해 짧은 시간에 많은 아이디어를 얻는 방법으로, 열거법과 연계하여 문제발견에도 이용할 수 있다.

•**체크 리스트:** 표준 목록을 미리 작성해 두고 이 목록에 단순히 예, 아니오 또는 일정 점수 등을 나열한 검사표로 간단히 표시하게 하며, 리스트를 작성하기 전에 어떤 것이 필요하고 우선 해결되어야 하는지 분석이 있어야 효율적이다.

이러한 조사 기술들은 문제발견의 기법인 데스크 리서치, 섀도잉, 모니터링, 심층 인터뷰 등에 다양하게 활용될 수 있다.

디자인씽킹 2단계
문제를 정의하라

방법 ① 페르소나를 통해 문제 핵심에 접근

문제발견과 문제 공감의 첫 단계를 거쳤다면 이제 문제를 정의하는 단계가 필요하다. 문제 해결의 단계로 나아가기 위해서는 발견한 문제의 핵심에 집중해야 한다. 모든 문제를 다 해결할 수는 없고 더군다나 핵심이 아닌 표면적인 문제를 건드려서도 곤란하다. 그래서 문제를 정의하는 단계가 필요하다. 이때 유용한 방법이 '페르소나Persona 기법'이다. 페르소나는 그리스 어원의 '가면'을 나타내는 말로 '외적 인격' 또는 '가면을 쓴 인격'을 뜻한다. 문제 정의 단계에서 페르소나 기법은 문제발견 차원에서 수집한 정보를 반영하여 문제 해결과 연관된 핵심 인물을 '입체적'으로 '구체화'하는 것을 뜻한다. 여기에는 이름, 나이, 성격, 특징, 취미, 문제와의 연관성, 인물이 느끼는 문제점 등이 포함된다. 해당 문제의 현장에 있는 핵심 인물을 가상으로 설정하여 스토리를 입히는 과정이다.

김해 지역 관광 활성화를 주제로 국민디자인 프로젝트를 진행한 사례를 살펴보자. 이때 만들어진 페르소나를 대원들에게 보여 주었다. 김가락 씨. 33세. 남자다. 국적은 대한민국이고 사는 곳은 부산이다. 취미는 사진 촬영이고 성격은 다소 내성적이다. 특기는 인터넷 검색이며 김해지역 관광 서비스 이용 목적은 '데이트'다. 김가락 씨의 깔끔한 이미지가 그려져 있으니, 인물을 이해하는 데 더 도움이 된다. 그가 느끼는 김해 관광의 문제점은 무엇일까.

"부산을 벗어나 김해로 데이트를 왔는데 정보가 부족하다."

"김해문화관광 사이트에 들어가 코스를 보았지만, 지도와 연계가 안 되어 위치를 알기 어려웠다."

"카페 등 편의시설이 부족하다."

"길 안내판이 제대로 없어서 길을 헤맬 때가 많다."

문제를 정의하기 위해 페르소나라는 가상 인물을 만드는 이유는 문제를 해결하는 과정에서 그 결과의 영향을 받는 사람들을 쉽게 떠올리기 위해서다. 따라서 실제 인물처럼 구체적이고 생생하게 만드는 것이 중요하다. 페르소나의 특징을 잘 떠올릴 수 있는 사진을 넣는 것도 좋은 방법이다. 우선 이전의 조사 활동을 통해 수집한 대상자의 감정, 태도, 동기 등을 나열한다. 나열된 정보들을 유사점과 특성 등을 기준으로 대상을 분류한다. 이후 분류한 대상자 그룹의 대표성을 띠는 한 명의 페르소나를 만들면 된다.

첫 번째 페르소나 예시 김가락 씨 옆에는 26세의 여성 페르소나 아나타도 있었다. 국적은 영국, 취미는 대한민국 역사 탐방, 성격은 외향적, 특기는 여행책 전문가, 김해를 방문하는 목적은 역사 탐방이다. 아나타 씨가 느끼는 김해 역사 탐방 과정의 고충은 무엇일까.

"김해 도착 후 수로왕릉을 찾아갔는데 외국인을 위한 안내가 없어서 난감했어요."

"안내원을 찾아도 영어로 안내하지 못했어요."

"작은 골목이 복잡하게 얽혀 있어서 길을 잃기 쉬워요."

"막상 보고 싶은 관광지는 어디로 가야 할지 안내가 되어 있지 않았어요."

마티나는 지역관광 활성화 프로젝트에 사용된 페르소나를 소개한 후 대원들에게 페르소나 제작 미션을 주었다. 역사 문화 관광에 대한 여행객 입장의 페르소나를 예시로 보았다면 이번에는 지역 역사 유적지 관광 업무 담당 공무원으로서 페르소나를 제작해 보라는 것이다. 조금 전까지 여행자로서 불만 사항을 쏟아냈는데, 그 불만의 대상이 되는 관광 담당자 입장이 되어 보라니 당황스러웠지만, 생각보다 흥미로운 작업이었다. 물론 이를 위해 몇 개 지역 관광단지 홈페이지를 보면서 조직 구성도와 업무를 파악해 본 뒤에 페르소나 제작 토론을 했다. 마티나는 다시 한 번 대원들에게 놓치지 말아야 할 두 가지를 강조했다. 주제와의 연관성, 인물이 그 주제와 관련하여 느끼는 문제점이다. 대원들이 만들어 낸 페르소나를 발표했다.

"이름은 나열심. 나이는 35세. 국적은 대한민국입니다."

"취미는 업무 체크리스트 만들기, 특기는 그 체크리스트에 적힌 업무 모두 완벽하게 처리하기"

"성격은 차분하다가 악성 민원이 들어오면 욱함."

"업무의 목적은 여행자들이 지역의 관광으로 만족을 얻고, 다시 재방문하게 만드는 것입니다."

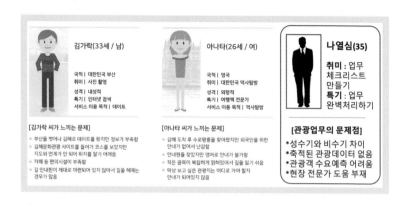

[김가락 씨가 느끼는 문제]
● 부산을 벗어나 김해로 데이트를 원하지만 정보가 부족함
● 김해문화관광 사이트를 들어가 코스를 보았지만 지도와 연계가 안 되어 위치를 알기 어려움
● 카페 등 편의시설이 부족함
● 길 안내판이 제대로 마련되어 있지 않아서 길을 헤매는 경우가 많음

[아나타 씨가 느끼는 문제]
● 김해 도착 후 수로왕릉을 찾아왔지만 외국인을 위한 안내가 없어서 난감함
● 안내원을 찾았지만 영어로 안내가 불가함
● 작은 골목이 복잡하게 얽혀있어서 길을 잃기 쉬움
● 막상 보고 싶은 관광지는 어디로 가야 할지 안내가 되어있지 않음

사실 가장 중요한 내용은 마지막 부분이다. 대상이 느끼는 문제점이야말로 디자인 씽커들이 해결해야 할 문제의 초점이기 때문이다. 그래서 페르소나의 문제점 설명은 문제발견부터 진행해 온 데스크 리서치, 섀도잉, 모니터링, 심층 인터뷰의 내용이 반영되어야 한다.

"업무 현장에서 느끼는 문제점은 여행 성수기와 비수기의 업무량의 차이가 너무 커서 적응이 어렵습니다."

"개인이 관리해야 하는 문화 역사 유적 관광지가 너무 많습니다."

"관광지로 개발된 것이 꽤 오래전인데, 아직도 축적된 데이터가 없어 매번 새로 시작하는 것처럼 비슷한 시행착오를 반복합니다."

"해외 관광객의 수요를 예측하기 어렵고, 점점 더 다양한 나라 사람들이 방문하다 보니 현장의 해설전문가 배치에 어려움이 있습니다."

대원들은 담당공무원 페르소나가 느끼는 문제점을 발표하면서 이미 해결의 아이디어를 떠올리고 있었다. 페르소나가 느끼는 문제점은 상당 부분 문제의 핵심에 근접해 있다. 따라서 그 문제점을 말하는 내용 속에 이미 해결의 단서가 들어 있는 경우가 많다.

방법 ② 이해관계자 맵을 그리면 핵심이 보인다

인물 간의 관계를 그려봄으로써 해결할 문제의 초점을 찾는 데 도움을 얻을 수 있다. 이를 '이해관계자 맵Stakeholders Map'이라고 한다. 마티나는 먼저 대원들이 좋아하는 히어로 영화의 '인물 관계도'를 보여 주었다. 이런 그림은 대원들에게 익숙하다. 아이돌 인물관계도, 드라마 인물관계도 등을 많이 보면서 성장했기 때문이다. 이러한 인물의 관계도를 디자인씽킹에서는 구체적으로 어떻게 이해관계자 맵으로 그릴까. 마티나는 실제 사회복지 분야에서 노인들의 안전을 위한 지역정책 디자인씽킹으로 만들어진 이해관계자 맵을 보여 주었다(홍성군. 2016. "국민디자인단 매뉴얼").

"복지관을 이용하는 어르신들에게 특정 서비스를 제공하거나 잦은 접촉으로 수요자에게 영향을 미치는 다양한 이해관계자를 찾아본 사례입니다. 이미지를 함께 관찰하면서 내용을 파악한 뒤에 이를 설명해 볼까요?"

마티나의 활동 소개를 듣고 잠시 침묵이 흘렀다. 이전의 활동보다 다소 어렵게 느껴진 것이다. 그림도 매우 복잡한데 이를 보고 해석해서 발표까지 해야 한다니 당황스러워했다. 대원들은 나름의 순서를 따라 이해관계자 맵을 분석한 후 번갈아 가며 발표했다.

"일단, 그림을 이해하려면 두 가지를 먼저 알아야 합니다. 중심에 있는 작은 원은 서비스의 대상이 되는 어르신들의 유형을 구분해 놓은 것이고, 바깥쪽의 모든 내용은 어르신들에게 서비스를 제공하는 기관과 사람을 구분해 놓은 것입니다."

"일단 어르신들은 일반 노인분도 계시고, 거동이 불편한 분, 시력 장애가 있는 분 그리고 상당수 여성 노인분들이 많습니다. 자료에는 70%가 여성이라고 합니다."

"노인분들에게 서비스를 제공하는 이해관계에 있는 기관은 관공서와 일반 시설, 기타 산업체가 있습니다."

"사실 중요한 것은 직접 노인분들과 연결되는 관계자들일 겁니다. 이 부분에서는 다양한 직업명이 등장합니다. 노인 돌봄 시설의 관계자로는 사회복지사, 요양기관장, 공익요원, 자원봉사자, 프로그램 강사들도 있습니다. 또한, 질병에 취약하므로 전문가 집단이 필요한데 안과 의사, 병원 관계자가 있습니다. 관공서에는 경찰, 보건소 담당자, 그리고 주민센터 등 관공서 직원도 해당합니다."

"노인 안전 이해관계자 맵을 통해 우리가 찾아낸 문제의 핵심, 그러니까 노인 안전 관계자 중에 일상생활에서 노인 분들과 가장 많이 접촉하고 영향을 주는 이해관계자는 '복지 차량운전사'입니다. 매일 규칙적으로 복지기관으로 왕복하는 동안 운전사와 진솔한 이야기를 나누고 있었던 것입니다."

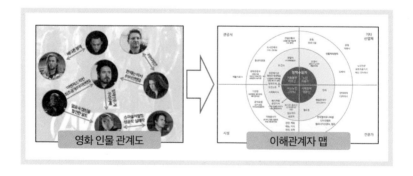

이런 방식으로 이해관계자 맵을 분석하다 보면 문제의 핵심을 정의하기 위한 요인들을 확인할 수 있다. 이때 해결하려는 문제와 관련된 다양한 사람과 그룹 간의 관계를 정의하며 파악한다. 이 과정에서 미처 인식하지 못한 이해관계자를 발견할 수도 있다. 이해관계자를 그룹화할 때는 원의 여기저기에 분포한 이해관계자들 간의 공통 관심사나 중요도, 영향력, 직업이나 지역적 특징 등 각 과제의 특성에 따라 구분한다. 그룹별로 중점을 두는 가치를 파악해 보는 것도 중요하다. 전체 과정은 혼자 하는 것보다는 그룹이 함께 토론하며 작성할 때 주관적 선입견이 배제될 수 있다.

이해관계자 맵은 관계와 흐름, 중요도 등을 파악하는 데 도움을 주는 기법이다. 이를 통해 문제의 핵심을 파악하고 수많은 문제 중에 가장 집중적으로 해결해야 하는 문제에 몰입할 수 있도록 도와준다. 이를 통해 더욱 근본적인 문제 해결이 가능하고, 지속 가능한 변화를 만들어 낼 수 있다.

방법 ③ 섬세한 감정 변화를 읽는 여정 맵

이해관계자 맵은 관계된 사람들이 주고받는 영향을 이해하고 이를 통해 핵심 인물과 핵심 문제에 도달하는 기법이다. 여기에 핵심 인물이 느끼는 과정별 감정을 알 수 있다면 문제를 정의할 때 구체적인 도움이 될 수 있다. 이를 위해 필요한 것이 여정 맵Customer Journey Map이다.

고객 여정 맵은 수요자가 겪는 일상의 시간과 공간 흐름을 따라가면서 발생하는 감정들에 공감해 보는 과정이다. 문제의 해결책을 즉각적으로 찾기보다는 문제가 발생하게 된 배경을 심도 있게 파악하는 것이다. 대상의 시공간에 따른 경험과 감정을 시각화하다 보면, 문제가 발생하는 상황과 대상의 감정을 통해 전후 맥락을 입체적으로 파악할 수 있다.

"전라남도 곡성에서 청소년들의 방과 후 놀이문화에 대해 2명의 페르소나를 바탕으로 만든 감정 곡선과 분석 내용입니다. 이를 참고하여 방과 후가 아닌 학교에 머무는 동안의 학교생활 여정 맵을 제작해 보세요."

대원들은 예시로 제시된 여정 맵 구조부터 살펴보았다. 페르소나 2명의 이미지가 있다. 학교 끝나는 시간부터 이동시간, 공부시간, 방과 후 활동, 취미 활동, 이동, 집으로 이어지는 이동 경로가 있다. 시간 순서마다 활동에 대한 감정을 높낮이를 쉽게 알 수 있도록 세 가지 얼굴 표정 이모티콘으로 그래프 척도를 만들었다. 대원들은 2명의 페르소나가 이동하면서 어떤 상황에서 감정이 긍정 수준으로 올라가는지, 어떤 단계에서 감정이 부정 수준으로 내려가는지 분석하면서 다양한 해석을 꺼냈다.

"이동할 때마다 감정의 기복이 있다는 게 신기하기도 하고, 또 공감도 됩니다."

"두 학생의 동선이 다르지만 공통적으로 그래프가 가장 낮은 지점들이 있습니다. 매일 반복되는 방과 후 학습시간을 지루해합니다."

"반대로 두 학생의 그래프에서 둘 다 감정이 상승하는 구간이 있어요. 활동 중심의 방과 후 프로그램을 하거나, 취미 활동을 할 때입니다."

"결론적으로 두 학생의 여정 맵을 살핀 결과, 방과 후의 시간을 어떻게 활용할 것인가가 문제의 핵심입니다."

"여정 맵에는 감정 곡선 아래에 두 가지 특별한 기록이 있습니다. '터치 포인트Touch Point'와 '페인 포인트Pain Point'라는 제목이 있어요. 터치 포인트는 여정 맵의 각 과정에 대한 상황 설명 및 관계된 사람과 모임, 기관 등을 표시한 것 같습니다. 중요한 구간에 대한 부연설명이 들어 있어요. 페인 포인트는 단어 그대로 아픔을 느끼는 부분입니다. 이 부분이야말로 문제를 정의하고 그 문제를 해결하기 위한 실마리에 해당합니다."

"터치 포인트에는 체육 시설, 문화의 집, 레저문화센터 친구들, 동아리 모임, 방과 후 아카데미 담당자, 학원 강사와 친구들이 적혀 있습니다. 페인 포인트에는 현재 진행 중인 여러 방과 후 프로그램들이 학생 개인의 관심, 재능 등이 반영되지 못하고 있다는 내용이 들어 있습니다. 역시 페인 포인트가 바로 해결의 실마리입니다."

마티나는 대원들의 발표를 토대로 여정 맵의 작성 순서를 다시 한 번 정리했다. 다양한 사전활동과 페르소나 및 이해관계자 맵 등의 기법으로 파악한 문제 상황을 '시간순'으로 적는 게 우선이다. 각 시간순서의 문제 상황에 따른 페르소나의 감정선을 꺾은 선 그래프 모양처럼 연결한다. 이후 각 점에서 페르소나의 감정을 설명하고 그 구간에 관계된 인물 설명 및 상황을 설명한다. 마지막으로 각 감정의 변곡점에서 찾아낸 문제 핵심과 해결책의 실마리를 입력한다.

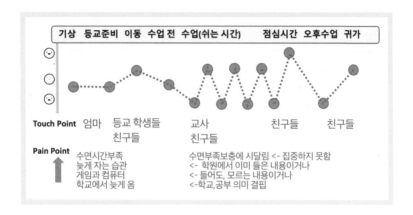

거의 모든 구간에 감정이 낮은 단계로 깔려 있다가 마치 심장박동이 뛰는 것처럼 '툭', '툭' 규칙적으로 치고 올라오는 그래프다. 감정이 높은 구간으로 올라오는 지점은 '쉬는 시간'과 '점심시간' 그리고 학교 마치기 바로 직전의 '종례시간'과 '하굣길'이다.

대원들은 상황 설명을 발표했지만, 실마리 칸은 비어 있다. 서로 말을 잇지 못하고 잠시 침묵이 흘렀다. 감정 그래프가 바닥에 있는 구간은 전부 수업시간이었고, 수업시간 이외의 과정은 기상, 등교준비, 등굣길이다. 어느 것 하나 차마 손을 댈 엄두가 안 나는 구간이다. 그래도 학생의 관점에서 페인 포인트를 꺼내는 일을 포기할 수는 없었다.

"아침에 일어나는 일이 가장 고통스러운 이유는 잠이 부족하기 때문입니다."

"잠이 부족한 이유는 자야 할 시간에 자지 않기 때문입니다."

"그 시간에 잠을 안 자는 이유는 다양합니다. 극소수는 공부 때문이지만 다수의 청소년은 컴퓨터나 모바일로 게임을 하거나, SNS를 합니다. 물론 더 세부적으로 들어가면 더 구체적인 사용 방식이 있습니다.

드라마나 예능 시청, 좋아하는 아이돌 정보 검색 등 무궁무진합니다. 잠을 자기에는 재미있는 것이 너무나 많은 게 현실입니다."

"재미있는 것을 꼭 잠을 자야 할 시간에 안 자고 하는 이유는 그전까지 학원을 다니느라 틈이 없는 이유도 한몫합니다."

"등굣길이 늘 지치는 이유는 이렇게 졸린 상태에서 집을 나서고, 급하게 가다 보니 아침밥을 거르고, 또한 만원 버스에 시달리기까지 한다면 지칠 만도 하죠."

"수업시간에 감정이 바닥을 기는 이유는 너무나 당연합니다. 상당수 청소년이 이 시간에 지친 몸으로 잠을 자거나, 집중을 못 하는 것 같습니다."

"학생들이 너무 지쳐 있고, 더군다나 학원에서 이미 진도를 빨리 나가기 때문에 수업시간의 내용이 익숙합니다. 공부를 잘하는 학생들 처지에서는 실제로 이미 아는 내용입니다."

"더군다나 일반적으로 듣는 처지니 좀 지루할 수도 있습니다."

이렇게 페인 포인트를 말하다 보니, 희미한 실마리가 보였다.

학생들이 주도적으로 참여하는 수업은 어떨까. 그룹을 나누고, 이미 아는 학생들을 중심으로 리더를 삼은 뒤, 미리 학습할 내용을 학생들의 모바일로 사전학습을 해오게 한 뒤 수업시간에 그룹별로 토론하고 발표하는 방식이다. 그 누구도 구경하지 않고 모두 말하는 수업이다. 마티나는 학생들의 설명을 듣고 화면에 자료를 보여 주었다. 학습 효율성 피라미드다. 피라미드의 아래로 갈수록 위의 학습 효과를 포함하면서 높아지는 것이다.

강의 듣기 5%, 읽기 10%, 시청각 수업 듣기 20%, 시범 강의 보기 30%, 집단 토의 50%, 실제 해보기 75%, 그리고 마지막으로 서로 설명하기는 90%이다. 그런데 지금 마티나가 진행하는 디자인씽킹 훈련 과정이 바로 이러한 피라미드 원리에 최적화한 프로그램이다. 대원들은 매번 활동마다 결과를 발표하고 설명하면서 참여하고 있다.

방법 ④ 문제의 핵심을 찾는 '5WHY'

마티나는 화면에 물음표를 크게 보여 주었다. 진짜 문제는 무엇일까. 문제의 핵심은 무엇일까. 그 문제가 일어난 근본 원인은 무엇일까. 대원들에게 직접 물어보았다.

"무엇인가 궁금할 때 가장 빨리 원하는 답을 얻는 방법은 무엇일까요?"

"물어보면 됩니다."

이는 디자인씽킹에도 적용할 수 있다. 경영 현장에서 종종 사용되는 '5WHY' 기법이 있다. 많은 사람이 문제에 부딪히면 문제의 본질보다는 솔루션에 집착한다. 그런데 문제가 발생하자마자 '어떻게'에 집중하면 뇌에 과부하가 걸려 아무 생각이 안 날 때가 많다.

'5WHY'는 주어진 문제에 대한 이유를 계속 물어 가장 근본이 되는 원인을 찾는 기법이다. 질문은 '왜 그런 문제가 발생했는가?'의 형식이다. 그 원인이 나오면 또 '그 원인은 어떤 이유에서 발생했는가?'로 질문을 5번 던지면 문제점을 해결할 혜안이 나온다. 즉 문제의 원인을 끝까지 추적하면 저절로 핵심에 이른다는 발상이다. '5WHY'는 학습 과제의 원인 분석, 의사결정, 사소한 호기심의 해결까지 어디에나 적용할 수 있다.

마티나는 5WHY 기법의 대표적인 샘플 사례를 보여 주었다. 주제는 "제퍼슨 기념관 대리석 벽이 심하게 부식되고 있다"라는 것이다. 그런데 이것은 드러난 현상이고, 질문을 통해 핵심 문제를 정의해야 한다. 핵심 문제를 정의하면 문제 해결을 위한 다양한 아이디어를 꺼낼 수 있다. 마티나는 첫 번째 질문과 모든 질문에 대한 답변을 미리 보여 주었다. 대원들은 첫 번째 답변과 함께 답변의 꼬리를 물고 나머지 모든 질문을 완성했다.

"왜 기념관의 대리석이 부식되는가?"

"대리석을 세제로 닦기 때문이다."

"왜 대리석을 세제로 닦는가?"

"기념관에 비둘기가 많아 배설물이 많기 때문이다."

"왜 기념관에 비둘기가 많은가?"

"기념관에 비둘기의 주 먹잇감인 거미가 많이 서식하기 때문이다."

"왜 기념관에 거미가 많은가?"

"해가 지기 전에 전등을 켜서 거미 먹이인 나방이 많이 모여들기 때문이다."

"왜 해가 지기 전에 전등을 켜는가?"

"기념관 직원들이 일찍 퇴근하기 때문이다."

문제 해결을 위한 핵심이 결국 나타났다. 기념관 대리석 부식의 근본 원인은 직원들이 일찍 퇴근하면서 전등을 일찍부터 켜고 가면서 시작되었다. 물론 이 문제에 대한 해결책을 섣불리 퇴근 시간을 늦추는 것이라고 정리하면 곤란하다. 노동권과 인권 등 다른 가치를 침해하기 때문이다. 하지만 걱정할 것은 없다. 문제 정의 다음 단계인 문제 해결의 단계에서 아이디어를 꺼내면 창의적인 아이디어가 쏟아질 것이다.

마티나는 약간 난이도를 높여 미션을 주었다. SDGs의 17가지 목표를 다시 한 번 보여 주고, 그중에 한 가지를 선택한 뒤 세부 문제점을 찾아서 5WHY 기법으로 핵심 문제를 정의하는 활동이다.

대원들은 일단 17개 중에 이전 활동에서 다루지 않았던 소재를 찾기로 했다. 이번에는 도시와 커뮤니티를 소재로 활동해 보기로 했다. 소재를 정했지만, 주제를 찾은 것은 아니다. 대원들은 일단 도시에 대한 문제발견을 위한 각각 사전조사를 진행해 '지방 도시의 소멸'에 관한 주제로 좁혔다. 전 세계적으로 고령화 속도가 가장 빠른 대한민국의 지방 도시문제는 매우 심각했다.

지방 도시의 소멸 문제를 가지고 5WHY 기법으로 문제 해결을 위한 핵심 질문을 정의하는 연습을 진행했다. 그런데 꼭 5개의 질문으로 끝을 맺어야 한다는 제한 때문에 대원들은 부담스러워했다. 5개로 정해 놓으니, 질문을 더 신중히 처리해야 한다.

주제	제퍼슨 기념관 대리석 벽이 심하게 부식되고 있다.	
why	질문	원인
(1) Why	왜 기념관의 대리석이 부식되는가?	대리석을 세제로 자주 닦기 때문이다.
(2) Why	왜 세제로 바닥을 자주 닦는가?	기념관에 비둘기가 많아 배설물이 많기 때문이다.
(3) Why	왜 기념관에 비둘기가 많은가?	기념관에 비둘기의 주 먹잇감인 거미가 많기 때문이다.
(4) Why	왜 기념관에 거미가 많은가	해가 지기 전에 전등을 켜서 거미 먹이인 나방이 많이 몰려들기 때문이다.

(5) Why	왜 해가 지기 전에 전등을 켜는가?	기념관 직원들이 일찍 퇴근하기 때문이다.
결론	불나방이 활동하는 시간인 오후 7시 이후에 실내전등을 켠다.	

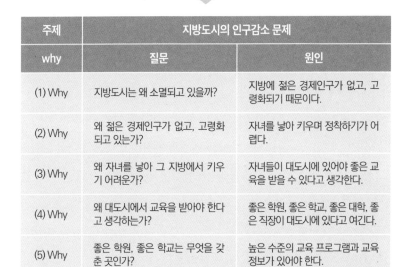

주제	지방도시의 인구감소 문제	
why	**질문**	**원인**
(1) Why	지방도시는 왜 소멸되고 있을까?	지방에 젊은 경제인구가 없고, 고령화되기 때문이다.
(2) Why	왜 젊은 경제인구가 없고, 고령화되고 있는가?	자녀를 낳아 키우며 정착하기가 어렵다.
(3) Why	왜 자녀를 낳아 그 지방에서 키우기 어려운가?	자녀들이 대도시에 있어야 좋은 교육을 받을 수 있다고 생각한다.
(4) Why	왜 대도시에서 교육을 받아야 한다고 생각하는가?	좋은 학원, 좋은 학교, 좋은 대학, 좋은 직장이 대도시에 있다고 여긴다.
(5) Why	좋은 학원, 좋은 학교는 무엇을 갖춘 곳인가?	높은 수준의 교육 프로그램과 교육정보가 있어야 한다.
결론	지방에도 대도시 수준의 교육 프로그램과 교육정보가 집중되도록 환경과 시스템, 교사를 확충한다.	

질문 1. "지방 도시는 왜 소멸하고 있을까?"

답변 1. "지방에 젊은 경제인구가 없고, 고령화되기 때문이다."

질문 2. "왜 젊은 경제인구가 없고, 고령화되고 있는가?"

답변 2. "자녀를 낳아 키우며 정착하기 어렵다."

질문 3. "왜 자녀를 낳아 그 지방에서 키우기 어려운가?"

답변 3. "자녀들이 대도시에 있어야 좋은 교육을 받을 수 있다고 생각한다."

질문 4. "왜 대도시에서 교육을 받아야 한다고 생각하는가?"

답변 4. "좋은 학원, 좋은 학교, 좋은 대학교, 좋은 직장이 대도시에 있다고 여기기 때문이다."

질문 5. "좋은 학원, 좋은 학교는 무엇 때문에 선호하는가?"

답변 5. "높은 수준의 프로그램과 교육 정보가 있으므로 선호한다."

이 질문법을 통해 대원들이 찾아낸 결론은 무엇일까? 마티나의 질문에 대원들의 답변이 이어진다.

"이 질문 기법의 마지막 질문과 답변으로 결론을 찾아본다면 지방에도 대도시 못지않은 교육 프로그램과 정보를 제공할 방법을 찾아야 해요."

"물론 단편적으로 답을 찾을 수는 없다고 생각합니다. 왜냐하면, 교육 문제는 워낙 복잡하고 많은 이해관계가 얽히고설켜 있습니다."

"더군다나 지방 도시의 소멸 문제는 교육 문제뿐만 아니라, 저출산과 고령화의 문제도 결합한 것입니다. 또한, 지방 도시의 전통적인 제조업이 무너지고 있는 것도 큰 원인일 수 있습니다."

5WHY 기법은 복잡한 문제를 풀기에는 한계가 있다. 페르소나 기법, 이해관계 맵, 여정 맵, 그리고 5WHY 등을 이해한 뒤, 문제의 유형과 성격에 따라 적절한 기법을 선택하는 것이 효과적이다.

디자인씽킹 3단계
아이디어 발상 훈련

문제발견, 문제 정의를 훈련했다면 이제 문제 해결을 위한 아이디어 발상 훈련을 해야 한다. 먼저 진행할 훈련은 '창의력'이다. 우선 창의력이 무엇인지 이해하는 게 우선이다. 우리는 흔히 창의적으로 문제를 해결한다고 말한다. 그런데 이때 사용하는 '창의적으로'라는 것은 과연 어떤 특징을 말하는 것일까. 일단 '창의적인 사람'으로 불리는 사람들의 특징을 살펴보자.

"엉뚱해요. 말도 안 되는 얘기를 할 때가 있어요. 때로는 그런 행동도 서슴지 않아요."

"그런데 지나고 나면 그 행동이 놀라운 결과를 만들 때가 있어요. 그때 모두 깜짝 놀라죠."

"창의적인 사람은 질문이 많은 것 같아요. 답을 받아들이지 않아요."

"자신이 스스로 이해되지 않으면 끝까지 물고 늘어져요."

"새로운 것을 시도해요. 말려도 소용없어요."

"그게 가능한 이유는 실패를 두려워하지 않기 때문인 것 같아요. 오히려 실패하면 그것을 통해 실패하는 이유를 깨닫고 다른 방법으로 또 시도해요."

"많은 사람이 같은 의견으로 동의해도 결코 쉽게 휩쓸리지 않아요."

대원들의 다양한 의견을 한참 화면에 기록한 뒤, 마티나는 문장들을 정리했다. 겹치는 내용을 하나로 통합하고, 긴 문장은 짧게 줄였다. 화면에 창의적인 사람의 특징을 담은 정리된 문장이 보인다. 문장 옆에는 빈칸이 있다. 그 빈칸을 채우는 것이다. 처음에는 그냥 주관식으로 풀어보고 시간이 지나도 해결되지 않으면 빈칸에 들어갈 보기를 선택할 수 있다.

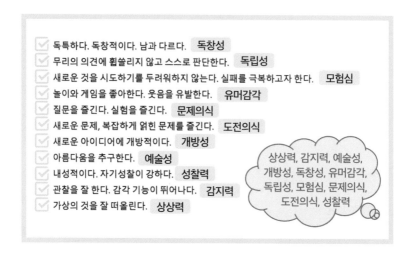

대원들은 모든 빈칸을 채웠다. 쉬운 작업은 아니었지만 몇 차례 썼다가 지우고, 위치를 바꾸는 작업을 반복했다. 창의적인 사람은 독창성, 독립성, 모험심, 유머 감각, 문제의식, 도전의식, 개방성, 예술성, 통찰력, 감지력, 그리고 상상력을 갖춘 사람이다. 이는 사전적으로 정의된 답안이 아니라, 대원들의 일상과 경험에서 끌어올린 우리 주변의 창의적인 사람이 보이는 특징이다. 이는 시대에 따라, 상황에 따라 충분히 더 추가되거나 수정될 수 있는 목록이다.

창의성創意性은 새로운 생각이나 개념을 찾아내거나 기존에 있던 생각이나 개념들을 새롭게 조합해 내는 것과 연관된 정신적이고 사회적인 과정이다. 창조성創造性이라고도 하며 이에 관한 능력을 창의력創意力, 창조력創造力이라고 한다. 창조력은 의식적이거나 무의식적인 통찰에 힘입어 발휘된다. 창조성에 대한 다른 개념은 '새로운 무엇을 만드는 것'이다.

방법 ① 창의성을 키우는 질문

창의력은 타고나는 것일까. 훈련을 통해 키울 수 있을까. 타고나는 것도 있지만, 훈련을 통해 충분히 키울 수 있다. 마티나는 창의성을 이루는 여섯 가지 요소, 즉 상상력, 유창성, 융통성, 독창성, 정교성, 민감성을 훈련하는 계획을 세웠다.

상상력은 과거의 경험을 기초로 새로운 표상을 만드는 능력을 말한다. 화면에 상상력을 훈련하는 일곱 가지 방법과 질문이 나왔다.

1. 있는 것을 없는 것처럼 생각하기 ex) 바닷물이 전부 사라진다면?

2. 없는 것을 있는 것처럼 생각하기 ex) 빙하가 녹아 사는 곳이 바닷속으로 잠긴다면?

3. 처지 바꿔 생각하기 ex) 내가 만약 교육부 장관이라면?

4. 존재하는 것을 축소 혹은 확대하기 ex) 만약 우리가 개미처럼 작아진다면?

5. 의인화하기 ex) 물고기가 말을 한다면? 책이 나의 친구라면?

6. 가상적인 상황을 현실에 적용하기 ex) 만약 내가 인간문화재가 된다면?

두 번째 훈련은 유창함이다. 유창함은 가능한 한 많은 아이디어를 산출하는 능력을 말한다. 화면에 6개의 훈련 요소와 해당 질문이 보였다. 유창함의 핵심은 주어진 자극에 대해 최대한 많은 경우의 수를 떠올리는 것이다.

1. 결과에 맞춰 유창하게 생각하기 ex) 태풍이 불어온다면 어떻게 될지 발표하면?

2. 특정 사물과 닮은 것을 많이 떠올리기 ex) 'O'을 이용하여 그림을 그리면?

3. 현상에 대해 많은 것 연상하기 ex) 내가 좋아하는 것을 생각하면?

4. 대상을 많이 활용하기 ex) 연필의 다른 용도를 적으면?

5. 속성별로 관련지어 많이 생각하기 ex) '□'와 '좋다'에 관련되는 것을 수집하면?

6. 형용사와 관련하여 많이 연상하기 ex)'아름답다'와 관련되는 것을 모으면?

사고력 수업에서 중요한 것은 창의성 훈련을 구체적으로 하는 점이다. 창의성은 이러한 훈련을 통해 향상될 수 있다. 융통성은 고정관념의 틀을 깨고 다양한 범주의 아이디어를 산출하는 능력을 말한다.

1. 대상에 대한 시점을 다르게 변화시켜 생각하기 ex) 지금 계절이 반대로 바뀌면?

2. 문제 상황을 해결하는 다른 방법 찾기 ex) 수능 성적을 올리는 다양한 방법은?

3. 상황이나 사물 대치하기 ex) 만약 내가 청소년(어른)이라면?

4. 범주별로 분류하여 생각하기 ex) 학급의 학생들을 통학 방법에 따라 분류하면?

5. 기존의 생각을 다른 상황에 적용하기 ex) '공부가 인생의 전부가 아니다'를 요즘 현실에 적용한다면?

6. 상황에 적절하게 수정하기 ex) '손수건'의 다른 용도는?

독창성은 자기만의 독특한 아이디어를 산출하는 능력을 말한다.

1. 이름 또는 제목을 새롭게 붙이기 ex) 짝꿍에게 어울리는 멋있는 별명을 지으면?

2. 제시물을 독특하게 활용하기 ex) '창의성'을 이용하여 삼행시를 지으면?

3. 사물을 조합하여 새로운 사물 만들기 ex) 전혀 다른 3개 물건으로 새로운 물건을 만들면?

4. 새로운 모양 디자인하기 ex) 나를 광고할 수 있는 독특한 명함을 만들면?

5. 기존에 존재하지 않는 새로운 사물 생각하기 ex) 지금 당장 불편한 것을 해결할 발명을 한다면?

정교성은 처음 제안된 아이디어를 다듬어 더 발전시켜 나가는 능력을 말한다.

1. 세밀하고 미세한 부분을 정교하게 표현하기 ex) 게를 냄비에 넣고 10회 회전시켜 놓으면?

2. 생략·압축된 부분 구체화하기 ex) 금방 친구가 한 말을 구체적으로 설명하면?

3. 아이디어의 실용적 가치를 고려하여 더욱 발전시키기 ex) 왜 서해가 조수간만의 차가 더 클까?

4. 기존의 이미지를 자세하게 발전시키기 ex) 나의 이미지를 그림으로 자세하게 표현하면?

5. 거친 수준의 생각을 구체화하기 ex) 여름은 왜 이렇게 덥지?

민감성은 다양한 정보에 관해 관심을 보이고 탐색해 나가는 능력을 말한다.

1. 당연한 현상에 의문을 갖는 자세 기르기 ex) 새우의 등은 왜 휘었을까?
2. 집단이나 사물에 대해 공통점 찾기 ex) 주방에서 사용하는 도구들의 공통점은?
3. 시각적인 경험으로 변화 주기 ex) 거꾸로 달린 간판을 보고 생각나는 것은?
4. 미각적인 경험으로 변화 주기 ex) 수박의 맛을 보고 생산지의 환경을 예상해 보면?
5. 후각적인 경험으로 변화 주기 ex) 공기의 냄새를 맡고 연상하면?
6. 청각적인 경험으로 변화 주기 ex) 동요 〈앞으로 앞으로〉를 듣고 느낀 점은?
7. 촉각적인 경험으로 변화 주기 ex) 짝꿍의 손을 만져 보고 생활습관을 추적하면?

창의성을 훈련하는 여섯 가지 영역을 훈련하기 위해 제시된 질문은 지극히 단편적인 예시에 불과하다. 디자인씽킹에서 창의성은 모든 단계에 필요한 능력이다. 하지만 문제발견과 문제 정의를 지나 핵심 문제를 해결하는 아이디어 도출의 단계에서 가장 빛을 발한다. 대원들은 앞으로 만날 다양한 문제 상황을 해결할 때 창의적인 아이디어를 내기 위해 노력할 것이다. 그때마다 이전의 경험을 기초로 새로운 것을 만드는 상상력을 사용할 수 있다. 또는 유창성을 발휘하여 가능한 한 많은 아이디어를 꺼낸 뒤에 더 나은 아이디어를 추릴 수 있다. 기존의 고정관념을 깨고 다른 접근법을 찾거나 경계를 넘나드는 융통성을 활용할 수도 있다. 한편, 그 누구도 생각하지 못한 자신만의 독창적인 아이디어를 꺼내기도 하고, 처음 제안한 아이디어를 계속 다듬어 나가는 정교성을 활용할 것이다. 그리고 문제 해결에 필요한 아이디어를 얻기 위해 수많은 정보에 관심을 두고 관찰하게 될 것이다. 이것은 민감성을 훈련한 덕분이다.

방법 ② 자유로운 영혼들의 마인드맵

창의력 훈련은 하루아침에 되는 것이 아니다. 강도 높은 훈련으로 특정 기간 안에 완성할 수도 없다. 오랜 시간 일상의 습관과 연습을 통해 꾸준히 성장하는 역량이다. 창의성 훈련은 내면의 사고방식을 바꾸는 것이기에 그만큼 시간이 필요하다. 하지만 창의성이 부족하지만, 시간은 많지 않은 이들에게 도움이 되는 약간의 지름길은 있다. 창의적인 사고 기법과 도구를 사용하는 것이다. 이는 스포츠 선수들이 기본적인 운동감각과 체력은 끊임없는 훈련과 시간이 필요하지만, 경기에서 일정 부분 도움을 주는 의상과 도구가 있는 것과 비슷하다. 바로 마인드맵, 브레인스토밍과 브레인라이팅, 스캠퍼, 트리즈, HMW, 여섯 가지 색깔 모자, 만드라트 같은 기법이다. 이러한 기법을 쓸 때는 포스트잇, 시트, 도화지 등의 도구가 사용된다.

창의적인 아이디어 발상 기법 중 가장 자유로운 활동은 마인드맵이다. 어린 학생부터 성인까지 모두가 사용할 수 있는 기법이다. 쉬운 사고 기법이지만 그래도 나름의 규칙이 있다. 규칙을 이해하고 활용할 때 결과는 더 나아진다.

마인드맵은 기본적으로 7가지 원칙이 있다.

1. 종이의 중심에서 시작한다.
2. 중심 생각을 나타내기 위해 이미지나 사진을 이용한다.

3. 전체적으로 색깔을 사용한다.

4. 중심 이미지에서 주 가지로 연결한다. 주 가지의 끝에서부터 부 가지로 연결한다. 그리고 부 가지의 끝에서 세부가지를 연결한다.

5. 구부리고 흐르는 느낌으로 가지를 만든다.

6. 각 가지당 하나의 키워드만을 사용한다.

7. 전체적으로 텍스트 사용을 줄이고 이미지를 사용한다.

대원들은 사회가 직면한 문제부터 마인드맵으로 가볍게 가지 뻗기를 했다. 중심에는 '사회가 당면한 문제'라고 적었다. 빈부 격차, 미세먼지, 지구온난화, 지역 격차, 자원 고갈, 물 부족, 원자력, 쓰레기, 토양오염, 우주 쓰레기, 노동력 착취, 노인 빈곤 등의 가지를 연결했다. 주 가지가 끝나고 그다음 가지를 그렸다. 빈부 격차에서 양극화 문제와 부동산 문제, 미세먼지에서 화석연료와 노후 디젤차, 지구온난화에서 이산화탄소 배출, 숲의 감소를 적었다. 지역 격차에는 산업구조와 고령화, 자원 고갈에는 석유와 석탄, 물 부족에는 강수량 부족과 사용량 증가, 원자력에는 원자력발전소 문제와 원자력 폐기 문제, 쓰레기에는 일회용품 쓰레기와 해양 쓰레기, 토양오염에는 쓰레기 매립과 농약 사용, 우주 쓰레기에는 로켓 잔해와 폐기 인공위성, 노동력 착취에는 커피농장과 전쟁 소년병 문제, 노인 빈곤에는 노인 증가율과 노인 자살률을 적었다.

첫 번째 주 가지에는 사회의 다양한 문제 범주를 자유롭게 적었고, 주 가지에서 뻗어나가는 부 가지에는 각 문제 범주의 세부 원인을 2개씩 적었다. 대원들은 이후 각각의 세부 원인에서 또 2개의 가지씩 뻗어서 문제의 세부 원인의 배경과 근본 원인 혹은 사람들의 일상생활 속 원인 제공 등을 입력했다. 그다음 세부 가지를 만들 때는 해결법을 기록했다.

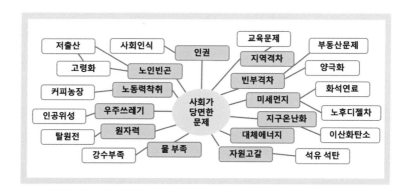

마인드맵은 작성하기가 쉽고 단순해 보이지만 기본, 고급, 심화, 전문가 수준의 난이도로 구성되어 있다. 기본 작성법은 중심 이미지에서 세 가지 정도 키워드로 시작하는 방식이다. 고급 작성법은 여러 색깔을 사용하고, 그림과 도형 및 곡선을 사용한다. 심화 작성법은 추상적이고 단순화된 이미지를 사용하고 특정 구조를 사용하며 일상에서 마인드맵을 습관화하는 것이다. 전문가 작성법은 기본적인 원칙을 넘어서는 자유로운 창작의 단계이며 자신만의 마인드맵 스타일도 창조한다. 결국, 전문가는 마인드맵을 예술로 승화시키는 사람이다.

방법 ③ 브레인스토밍과 브레인라이팅

창의적으로 아이디어를 발전시키는 기법으로 브레인스토밍이 있다.

브레인스토밍은 집단적 창의적 발상 기법으로 집단에 소속된 인원들이 자발적으로 특정한 문제에 대한 해답을 찾고자 노력하는 활동이다. 말 그대로 자유롭게 폭풍이 몰아치듯이 생각을 확장한다. 심지어 마인드맵의 가지 구조가 가진 최소한의 동일 속성에 대한 질서조차 브레인스토밍에서는 생략된다. 하지만 브레인스토밍에는 단점도 존재한다. 브레인스토밍을 너무 많이 해 보았다면서 지루해하는 대원들에게 마티나가 물었다.

"브레인스토밍이 가진 단점이 무엇일까요?"

"너무 질서 없이 마음껏 생각을 꺼내다 보니, 이를 정리해 나가는 실력이 없다면 내용이 뒤엉켜 수습이 안 될 수 있습니다."

"이러한 부분을 개선하기 위해서는 어떤 방법이 있을까요?"

"포스트잇을 활용하면 됩니다."

"왜 포스트잇이죠?"

"자유롭게 많은 생각을 꺼내기가 쉽습니다. 또 시각적으로 생각의 양을 눈으로 확인하면서 분위기를 북돋을 수 있습니다."

"포스트잇의 결정적인 장점은 '이동성'입니다. 생각을 이동할 수 있습니다."

"생각을 이동한다는 게 무슨 뜻이죠? 순간이동을 말하는 것인가요?" 천재적인 마티나는 가끔 인간의 비유적 표현에는 약하다.

"포스트잇이 생각의 이동을 돕는다는 것은 브레인스토밍이 가진 무질서의 단점을 단숨에 극복할 수 있는 것입니다. 포스트잇은 한 곳에 붙여놓았다가 다시 떼어서 다른 곳에 붙일 수 있습니다. 바로 이러한 특징을 활용하여 초기 브레인스토밍의 내용을 이동시키는 것입니다. 이를 유목화, 또는 친화 맵이라고 표현할 수 있습니다. 같은 종류의 생각끼리 그룹을 지으며 포스트잇을 분류하는 방식이죠. 이를 통해 브레인스토밍의 단점을 극복해 낼 수 있습니다."

"이 과정에 포스트잇의 색깔을 활용하면 그 효과가 배가됩니다. 처음에는 같은 색의 포스트잇으로 브레인스토밍을 하고 그다음 유목화 단계에서 그룹별로 분류된 포스트잇의 제목을 붙일 때 각기 다른 색의 포스트잇으로 제목을 붙입니다."

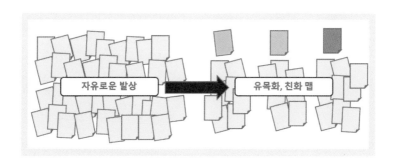

설명을 들은 마티나가 또 다른 문제를 제기했다.

"훌륭한 극복 방법입니다. 하지만 브레인스토밍에는 아직도 해결되지 않은 큰 문제점 하나가 있습니다. 그게 무엇일까요?"

"결정적인 단점은 목소리 큰 사람, 적극적인 소수가 전체 내용을 독점한다는 것입니다."

브레인스토밍은 자유로운 발상에는 유리한 데 비해 발언에 소극적인 사람의 생각을 끌어내는 데는 한계가 있다. 이러한 단점을 보완하기 위해 나온 것이 브레인라이팅Brain writing이다. 이 기법의 특징은 침묵을 지키면서 집단사고를 진행한다는 것이다. 마티나는 브레인라이팅 기법의 진행 방식을 설명했다.

"일반적으로 6·3·5기법으로도 불립니다. 참가자 6명이 각자 3개씩의 아이디어를 5분마다 새롭게 꺼내 기록하는 것이죠. 한번 경험해 볼까요?"

브레인스토밍에 익숙한 대원들은 브레인라이팅이 조금 낯설었다. 그래서 더욱 궁금하고 기대가 되었다. 한 명의 대원에게 최초 종이 한 장을 줬다. 제목은 '학교 숙제를 잘 해오게 하는 방법'이다. 순서대로 세 가지 아이디어를 기록하는 것이다.

먼저 세 가지 의견을 적었다. '숙제를 잘 해오면 보상을 한다. 숙제를 해오지 않으면 처벌을 한다. 마지막 칸에는 숙제에 대한 규칙을 만든다.' 이렇게 세 가지를 적었다. 마티나의 지시에 따라 그 종이를 옆으로 넘기면 이제 그 옆 대원이 두 번째 줄을 채워야 한다. 그런데 그냥 자기 생각을 새롭게 적는 게 아니라, 바로 옆 학생이 먼저 적은 세 가지 아이디어에 대해 자신의 아이디어를 적는 것이다. '보상한다'라는 아이디어 밑에 '학기별로 보상점수를 누적한다'라고 적었다. '숙제를 해오지 않으면 처벌한다'라는 아이디어 밑에는 '숙제를 해온 학생에게 점수를 빼앗긴다'라고 적었다. 물론 이 아이디어는 그다음 대원에 의해 '경쟁을 조장한다'라는 반론이 적혔고, 최종적으로는 채택되지 않았다. '규칙을 만든다'라는 아이디어 아래에는 '숙제 게시판을 만든다'라고 적었다. 이렇게 두 번째 대원의 아이디어를 적은 뒤에 다시 종이는 세 번째 대원에게 전달됐고 같은 방식으로 아이디어를 적는다.

주제 : 학교 숙제를 잘 해오게 하는 방법

	A	B	C
1	보상을 한다.	처벌을 강화한다.	규칙을 만든다.
2	학기별로 보상점수를 누적한다.	숙제 해 온 학생에게 기존 점수를 빼앗긴다.	숙제 게시판을 만든다.
3	학기말에 점수를 합산하여 시상한다.	경쟁을 조장할 수 있다.	학생별 숙제 이행 정도를 체크한다.
4	기간이 길면 지친다. 1개월 단위 시상한다.	경쟁이 아니라 적당한 긴장감을 주는 것이다.	숙제를 요약하여 입력하고 내용을 체크한다.
5	선물목록을 미리 게시판에 제시한다.	처벌 점수를 보상점수보다 낮게 정한다.	스스로 그래프 스티커를 붙이면서 성찰한다.

막상 경험해 보니, 브레인스토밍의 분위기와는 달라도 너무 달랐다. 그렇다고 긴장감이 사라진 것도 아니다. 정해진 내용에 답을 적는 게 아니라, 바로 옆 동료가 어떤 내용을 적을지 몰라서 긴장된다. 또 시간제한이 있고 다음 동료가 자신의 아이디어를 기다리고 있어서 아이디어를 순발력 있게 꺼내야 한다. 다만 실습 과정에서 예상하지 못했던 단점을 발견했다. 처음에 적었던 학생과 앞서 적은 학생들이 무작정 기다려야 한다는 것이다. 아직 쓰지 않은 학생들은 긴장하며 기다리지만, 이미 작성한 학생들은 긴장이 사라지고 할 일이 없어 떠들기 시작했다. 실습이 끝난 뒤 마티나는 대원들에게 그러한 단점을 보완하는 방법을 찾아보도록 요청했다.

"해결책은 의외로 간단합니다. 브레인라이팅에 참여하는 그룹에 한 장의 종이를 주어 돌리는 게 아니라, 그 인원수와 같은 수의 종이를 주는 겁니다. 참가자 각자가 첫 번째 아이디어 칸에 세 가지 아이디어를 적고, 동시에 그 종이를 옆으로 돌리는 겁니다. 이런 방식으로 순환하면 그 누구도 기다리는 일 없이 모두 아이디어 생산에 집중할 수 있습니다.

"처음 방식으로 6명의 멤버가 한 장의 종이로 브레인라이팅을 하면 총 18가지 아이디어가 나오지만, 이런 방식으로 6장의 종이를 순환시키면 108개의 아이디어가 생성됩니다."

"또 다른 방법도 가능합니다. 6장의 종이에 모두 같은 주제로 하는 방법도 좋겠지만 처음부터 6장 종이마다 다른 주제를 제시하면 또 다른 흥미로운 몰입이 일어날 것입니다. 앞서 경험한 주제가 '학교 숙제를 잘 해오게 하는 방법'이었다면 나머지 5장의 종이에 학교 급식시간에 기다리지 않는 방법, 교실 환경미화를 새롭게 바꾸는 법, 학교 폭력을 없애는 법, 수업시간에 잠자는 학생을 줄이는 법, 학교 앞 과속운전 차량을 없애는 법 등 다른 주제를 적어 종이를 순환시키는 것입니다. 물론 이러한 주제를 선정할 때는 브레인라이팅에 앞서 브레인스토밍을 하고 거기에서 찾은 주제를 넣어도 됩니다."

방법 ④ 결합과 융합의 스캠퍼

때로는 새로운 아이디어를 꺼내는 데 한계가 찾아오기도 한다. 늘 새로울 수는 없다. 모든 아이디어가 이전에 없던 완전히 새로운 것일 수도 없다. 심지어는 창의적 아이디어를 꺼내는 데 지칠 때도 있다. 아이디어 생산의 딜레마가 올 때 사용할 수 있는 방법이 있다. 아이디어와 아이디어를 결합하는 방식이다. 아이디어를 결합한다는 것은 어떤 것일까. 마티나는 화면에 스캐너와 프린터 그리고 복사기 사진을 보여 주었다. 이 세 가지를 결합한 것은 무엇일까. 복합기이다. 이렇게 결합을 통해 아이디어를 만드는 대표적인 방법이 '스캠퍼Scamper 기법'이다.

스캠퍼 기법을 이해하기 위해 몇 가지 그림 조각으로 퀴즈를 풀어야 한다. 여섯 가지 그림카드가 있다. 각 그림카드는 몇 가지 도구가 함께 들어 있다. 벙어리장갑과 냄비 손잡이장갑, 유리컵과 종이컵, 숟가락과 시력검사용 숟가락, 데스크톱 컴퓨터와 노트북 그리고 태블릿과 스마트폰이 함께 있는 카드다. 일반 김밥과 누드김밥, 마지막 카드에는 유선 다리미와 무선 다리미가 들어 있다. 마티나는 대원들이 각 그림과 스캠퍼 기법을 연결할 수 있도록 7가지 기법을 소개해 주었다. 스캠퍼 기법은 사고의 영역을 7개의 키워드로 정해 놓고 이에 맞는 새로운 아이디어를 생성한 뒤 실행 가능한 최적의 대안을 골라내기 때문에 브레인스토밍보다 구체적인 안을 도출할 때 좋다.

- S – 대체하기|Substitute
- C – 결합하기|Combine
- A – 적용시키기|Adapt
- M – 수정하기, 확대 혹은 축소하기|Modify
- P – 다른 용도로 변경하기|Put to other uses
- E – 제거하기|Eliminate
- R – 반전Reverse, 재정렬하기|Rearrange

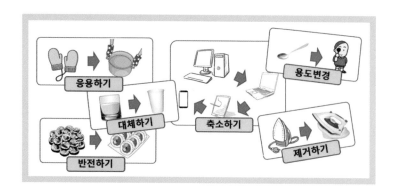

대원들은 퍼즐게임을 하듯 그림카드와 여섯 가지 요소를 이리저리 맞춰 보았다. 유리컵의 재질을 종이로 '대체'했고, 스캐너와 복사기와 프린터기는 '결합'을 통해 복합기라는 제품이 탄생했다. 벙어리장갑을 부엌에서 '응용'했고, 컴퓨터는 노트북과 태블릿 그리고 스마트폰으로 '축소'된 것이다. 숟가락은 안과에서 시력 측정할 때 '다른 용도로 사용'된 것이며 선 때문에 불편한 다리미에서 케이블을 '제거'하여 무선 다리미 제품이 등장했다. 김밥의 김과 밥의 위치가 바뀌어 누드 김밥이 된 것은 '반전'의 결과이다.

방법 ⑤ 아이디어가 도저히 안 나올 때 '여섯 가지 색깔 모자'

아이디어가 막힐 때 사용할 수 있는 발상 기법으로 '여섯 가지 색깔 모자6 Thinking Hats' 사고 기법이 있다. 서로 다른 사고의 유형을 상징하는 색의 모자를 쓰고, 자신이 쓰고 있는 모자의 색깔이 표상하는 유형의 사고를 하게 하는 것이다. 창의적 사고의 대가인 에드워드 드 보노에 의해 개발된 것으로 가장 단순 명료하게 사고함으로써 가장 효과적으로 사고하기 위한 것이다. 브레인스토밍과 같은 아이디어 회의를 하는 경우 뭐 뾰족한 아이디어도 떠오르지 않고 모두가 회의에 지쳐 있을 때 하면 효과적이다. 하나의 아이디어를 심화시킬 때 쓸 수 있다. 하나의 주제에 대해 다양한 관점으로 바라보게 함으로써 창의적인 문제 해결을 돕는다. 마티나는 실제 6개의 색깔 모자를 꺼냈다.

"여기 테이블에 있는 모자를 써 볼까요. 각 모자 안쪽에는 메모가 있습니다. 그 메모가 바로 각 색깔 모자의 역할입니다. 나름의 순서가 있으니 한번 순서대로 발표해 봅시다."

"백색 모자는 중립적으로 객관적인 정보를 제시합니다."

"녹색 모자는 아이디어를 탐색하고 창의적인 대안을 제시합니다."

"황색 모자는 아이디어의 긍정적 실행과 이점을 탐색합니다."

"흑색 모자는 아이디어를 비판적으로 검증하고, 어려움과 위험, 문제와 주의점을 제시합니다."

"적색 모자는 백색 모자와 대비되는 역할로 아이디어에 대한 직관과 감정, 느낌을 표현합니다."

"청색 모자는 사회자 역할을 합니다. 자신의 아이디어를 꺼내기보다는 의견을 조율하고 결론에 도달하도록 돕습니다."

발표를 마치고 마티나는 주제를 제시했다. "고령화 시대 노인건강"이라는 주제로 아이디어를 모자 색깔별로 제시하는 것이다. 자신의 관점이 아니라, 모자의 역할에 충실해야 한다.

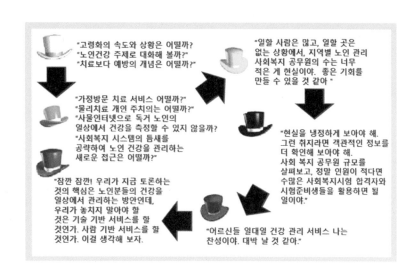

"고령화의 속도와 상황은 어떨까?
"노인건강 주제로 대화해 볼까?"
"치료보다 예방의 개념은 어떨까?"

"일할 사람은 많고, 일할 곳은 없는 상황에서, 지역별 노인 관리 사회복지 공무원의 수는 너무 적은 게 현실이야. 좋은 기회를 만들 수 있을 것 같아 "

"가정방문 치료 서비스 어떨까?"
"물리치료 개인 주치의는 어떨까?"
"사물인터넷으로 독거 노인의 일상에서 건강을 측정할 수 있지 않을까?
"사회복지 시스템의 틈새를 공략하여 노인 건강을 관리하는 새로운 접근은 어떨까?"

"현실을 냉정하게 보아야 해. 그런 취지라면 객관적인 정보를 더 확인해 보아야 해. 사회 복지 공무원 규모를 살펴보고, 정말 인원이 적다면 수많은 사회복지시험 합격자와 시험준비생들을 활용하면 될 일이야."

"잠깐 잠깐! 우리가 지금 토론하는 것의 핵심은 노인분들의 건강을 일상에서 관리하는 방안인데, 우리가 놓치지 말아야 할 것은 기술 기반 서비스를 할 것인가. 사람 기반 서비스를 할 것인가. 이걸 생각해 보자.

"어르신들 일대일 건강 관리 서비스 나는 찬성이야. 대박 날 것 같아."

　　여섯 가지 색깔 모자 기법은 의외로 몰입이 잘 되는 방법이다. 대원들은 노인건강을 주제로 연습한 후 학교 폭력을 주제로 한 번 더 실습했다. 이때 서로의 모자를 바꿔 써서 새로운 역할로 아이디어 회의를 진행했다.

	모자	의미	적용
1		"정보(Information)" 필요한 정보/ 활용 가능한 정보/ 부족한 정보	"왕따, 학교폭력, 사이버 폭력이 도를 넘고 있어. 보다 현실적인 해결방법이 필요할 것 같아."
5		"감정(Benefit)" 현재 순간의 느낌, 직관	"기존의 상식적인 방식을 넘어서는 창조적인 변화가 필요한 시점이야. 경찰과 상담사 교실 멘토링 시스템, 의외로 잘 될 것 같아."
4		"주의(Caution)" 잠재적 문제점, 논리적 부정	"그게 정말 가능할까. 비현실적인 생각이야. 전국의 학교 수와 교실 수를 따졌을 때 필요한 인력을 선발, 교육, 공급 등에 어려움이 있을 거야."

3		"이점(Benefit)" 실현가능성, 이익/가치, 논리적 긍정	"그렇게 되면, 일자리 창출에도 큰 도움이 될 것 같아. 너무 좋은 생각이야."
2		"창의(Creativity)" 아이디어, 대안, 변화	"학생 한 명 한 명에 대한 따뜻한 관심과 도움을 위해 모든 학교의 각 교실마다 1경찰, 1상담사 제도를 두면 어떨까."
6		"사고관리(Managing the thinking)" 사고과정 계획, 요약, 결론 유도	"막연하게 대화하기보다는 실제 학교 수, 교실 수, 필요한 전문가 수를 정보탐색 해보고, 그 결과를 바탕으로 현실성을 따져 보자."

아이디어의 고갈 상태에서 색깔 모자를 쓰는 활동은 토론에 활기를 불어넣는다. 이처럼 아이디어 발상 기법의 다양한 종류를 이해하면 상황에 따라 선택적으로 활용할 수 있다.

방법 ⑥ 행동 변화를 불러일으키는 질문

아이디어가 아이디어에만 머물러서는 곤란하다. 실현 가능성이 중요하다. 이때 실현 가능성을 따져 보는 방법이 HMW 질문 기법과 만다라트 발상 기법이다. 특히 만다라트 기법은 목표를 세운 후 그 목표를 계획과 행동으로 전환하는 역할을 한다. HMW 기법은 'How Might We?'의 줄임말이다. 방법론을 묻는 직접적인 질문이기에 실천 방안을 찾는 데 도움이 된다. 실천을 부르는 질문, 행동을 유발하는 질문을 바로 꺼내고 이에 답변하면서 계획을 찾는 방법이다. 마티나는 실제 HMW의 대표 질문을 화면에 공개했다.

"어떻게 하면 우리가 …을 할 수 있을까?"

"어떤 방법으로 우리가 …을 할 수 있을까?"

"무엇이 …으로부터 우리를 막고 있는가?"

"우리가 …을 할 수 있는 방법은 무엇인가?"

"만약 …한다면 어떤 일이 일어날까?"

각 질문에 '환경보호'라는 이슈를 넣어서 질문을 만들어 보았다.

HMW : How Might We?

어떻게 하면 우리가...을 할 수 있을까?
어떤 방법으로 우리가...을 할 수 있을까?
무엇이 ...으로부터 우리를 막고 있는가?
우리가 ...을 할 수 있는 방법은 무엇인가?
만약 ...한다면 어떤 일이 일어날까?

"겨울철에 내복을 입습니다."
"물 절약을 위해 양치할 때 컵을 사용합니다."
"일회용품 줄이고 쓰레기를 철저히 분리합니다."
"가까운 거리는 자전거를 이용합니다."
"잔반 없는 학교 급식 문화에 앞장섭니다."
"우리 동네 먹거리 이용으로 푸드 마일리지를 줄입니다."
"친환경 상품, 공정무역 상품을 구매합니다."

어떻게 하면 우리가 환경을 보호할 수 있을까. 어떤 방법으로 우리가 환경을 보호할 수 있을까. 무엇이 환경보호로부터 우리를 막고 있는가. 우리가 환경을 보호할 방법은 무엇인가. 만약 우리가 환경보호를 실천한다면 어떤 일이 일어날까. 실제로 이 질문을 던지면 어떤 종류의 답변이 나올까.

질문에 답변하는 것만으로도 현실적인 실천항목이 나온다. 질문의 힘을 직접 느낄 수 있다. 이어서 환경보호를 주제로 만다라트를 작성해 보았다. 만다라트는 '목적을 달성하는 기술' 도구를 의미한다. 이 도구를 사용하면 머릿속 정보와 아이디어의 힌트를 간단한 포맷을 통해 놀랄 만큼 다양하게 끌어내 준다. 아이디어의 재료들이 한 테이블에 올려져 있기 때문에 일일이 생각할 필요 없이 아이디어가 쉽게 나온다. 나선형으로 움직이는 머리의 생각구조에 가장 적합한 생각의 도구다.

작성법은 간단하다. 먼저 9개의 정사각형 중심에 핵심 주제를 넣는다. 핵심 주제 주변 8개 칸에 하위항목을 채운다. 이렇게 나온 8개 하위항목을 다시 9개의 정사각형 테이블의 핵심 주제로 이동시킨다. 같은 방법으로 주변에 8개의 항목을 채운다. 결국 64개의 하위항목이 도출된다.

적은량 음식 재료	먹을 만큼 만들기	먹을 만큼 담기	나무 젓가락줄이기	자원 재활용	플라스틱 줄이기	물 받아 사용하기	양치 컵 사용하기	노푸 운동
잔반 줄이기	음식물 쓰레기	남기지 않기	마이크로 플라스틱	일회 용품	텀블러 사용하기	개인 컵 사용하기	물 사용	세제사용 줄이기
물기빼고 버리기	분리수거 철저히	종량제 봉투	장바구니 사용하기	비닐봉지 줄이기	매장 선별하기	하천청소 봉사활동	물 부족 국가정보	친환경 세제
지구 불끄기	절전인증 제품사용	안 쓰는 전원차단	음식물 쓰레기	일회 용품	물 사용	자동차 5부제	자동차 요일제	배기가스 정기검사
겨울 내복착용	전기사용	개별전원 멀티탭	전기사용	환경 보호	배기가스	친환경 차량구매	배기가스	대중교통 이용하기
전기절전 운동동참	다중플러 그 자체	정기적인 전기점검	푸드 마일리지	생태여행	숲 보존	차량공유 참여하기	가까운 거리걷기	자전거 활용하기
푸드마일 리지개념	관련정보 공유하기	생산지 확인습관	생태여행 관광정보	여행 전 사전조사	가이드 주의경청	재생종이 사용하기	등산길 쓰레기	공개된 등산로
생산이력 확인하기	푸드 마일리지	국내산 채소구매	생태여행 소감공유	생태여행	관광표지 주의집중	세계 숲 보호운동	숲 보존	취사행위 금지
친환경 인증확인	관광현지 특산품	산지 직거래	사진촬영 금지구역	생태관광 보호구역	관광지 주민대화	식목일 나무심기	등산로 흔적금지	상수원 보호구역

대원들은 실제로 환경보호라는 핵심 주제로 만다라트를 작성했다.

처음 핵심 주제 주변 8개 항목에는 앞서 배웠던 다양한 이슈들을 활용하여 입력했다. 음식물 쓰레기, 일회용품, 물 사용, 배기가스, 숲 보존, 생태여행, 푸드 마일리지, 전기 사용을 적었다.

8개 항목을 다시 9개 정사각형의 중심에 입력하고, 각각 8개의 실천 사항을 적어 만다라트를 완성했다.

디자인씽킹 4단계
프로토타입을 완성하라

　디자인씽킹은 문제를 발견하고 그 문제를 창의적으로 해결하는 것을 목적으로 한다. 마티나와 대원들은 디자인씽킹의 문제발견, 문제 정의, 아이디어 도출 단계까지 배웠다. 이제 아이디어를 토대로 프로토타입을 만드는 단계다. 시제품 제작이라고도 하는데, 시제품이든 프로토타입이든 용어가 생소하다. 프로토타입 제작은 전 세계적으로 새로운 교육 패러다임으로 자리를 잡은 '메이커 운동'과 맥락이 연결된다.

　대원들은 처음에 체인지 스쿨에서 지속가능발전목표 SDGs를 배웠다. 그다음에는 디자인 스쿨에서 문제 해결을 위한 아이디어 발전 과정을 배웠다. 이때 디자인씽킹의 전 과정을 배우기 시작했다. 디자인씽킹의 문제발견, 문제 정의, 아이디어 도출을 모두 배웠고, 이제 남은 두 가지 단계는 프로토타입 제작과 평가 및 개선이다. 평가 및 개선은 테스트 단계라고 불리기도 한다. 디자인씽킹의 남은 학습 과제인 두 가지 단계는 메이커 교육에 해당하는 부분이기도 하다. 따라서 체인지 스쿨, 디자인 스쿨에 이은 마지막 과정은 메이커 스쿨M-SCHOOL이 될 것이다. 메이커 스쿨에서는 메이커라는 용어를 시작으로 메이커 교육의 전반을 이해하면서 프로토타입을 다루게 될 것이다.

　프로토타입은 문제 해결의 실제 진행과 결과를 미리 살필 수 있도록 모형을 만들어 보는 것이다. 그런 의미에서 프로토타입은 '메이커' 라는 제작 활동과 관련되어 있다. 대원들은 어렴풋이 프로토타입을 이해했지만, 메이커 역시 어려운 용어다. 하지만 프로토타입을 제대로 이해하기 위해서는 메이커 교육, 메이커 운동Maker Movement을 이해해야 한다.

메이커 스쿨

상상하면 무엇이든 만들 수 있는 시대

마티나는 새로운 교육과정이 시작될 때마다 대원들에게 궁금한 부분을 질문 형식으로 만들게 했다. 그 질문을 정리하여 학습의 목차로 만들었다. 이번에도 프로토타입, 메이커에 대한 대원들의 질문이 쏟아졌다.

"프로토타입, 시제품이라는 말은 무슨 뜻인가요?"

"프로토타입은 뭔가를 만드는 것 같은데, 우리는 전문가도 아닌데 어떻게 만들 수 있나요?"

"언제부터인가 갑자기 메이커 운동이 일어났는데, 언제 어떻게 생겨난 거죠?"

"만들기를 할 것 같은데 무엇을 어떤 수준까지 만들 수 있을까요?"

"메이커가 되려면 어떤 준비와 훈련을 받아야 할까요?"

"만들기를 하려면 도구가 필요하지 않을까요?"

"메이커 스페이스라는 말을 들어본 적 있어요. 어떤 공간이 필요한 것인가요?"

대원들의 질문이 화면에 모두 보였다. 이번에도 마티나는 내용이 비슷한 질문을 하나로 묶고 질문을 다듬어서 여섯 가지 질문으로 다시 보여 주었다. 질문 옆에 학습 주제가 간단하게 적혀 있었다.

☑ "메이커 운동은 언제 등장했을까?" [메이커 배경]

☐ "메이커 관련 용어들은 어떤 개념일까?" [메이커 용어]

☐ "메이커 스페이스는 어떤 작업실일까?" [메이커 공간]

☐ "메이커 도구는 무엇일까?" [메이커 도구]

☐ "메이커는 실제로 무엇을 제작할까?" [메이커 모형 제작]

☐ "메이커들은 어떤 마음을 가지는가?" [메이커 마인드셋]

마티나는 프로토타입의 개념부터 간단히 설명했다. 프로토타입은 '정보 시스템의 미완성 버전 또는 중요한 기능들이 포함된 시스템의 초기 모델'이라고 한다. 이 프로토타입은 사용자의 모든 요구사항이 정확하게 반영될 때까지 계속해서 개선되고 보완되는 것이다. 프로토타입을 디자인씽킹 과정에 적용해 본다면, 문제 해결의 아이디어가 그저 아이디어로만 끝나지 않기 위해서 실제 문제를 해결하고 변화를 만들어내는 모형을 만들어 보고 이를 미리 테스트해 보는 것이다. 물론 이때의 제작은 기본적으로는 만들기를 말하는 것이지만 경우에 따라서는 글과 그림을 포함한 다양한 형태가 될 수 있다.

새로운 트렌드,
메이커 운동의 등장

'메이커Maker'라는 용어는 2005년 데일 도허티가 《메이크Make:》라는 잡지를 창간하면서 사용되었다. 스스로 필요한 것을 만드는 사람들, 또는 만드는 법을 공유하고 발전시키는 흐름을 통칭한다. 메이커는 평범한 사람들이 기업이나 전문가가 만든 기성 제품을 맹목적으로 소비하는 데서 벗어나 인터넷을 통해 지식을 공유하고 다양한 재료와 기술, 도구를 활용해 주체적으로 물건 등을 만드는 과정에서 기쁨과 즐거움을 찾는 사람 또는 그런 사람들을 말한다. 미국이나 중국에선 이미 10대 청소년들을 중심으로 메이커 운동이 붐을 이루고 있다.

메이크, 메이커라는 용어가 생긴 이후에 다양한 파생어가 생겨났다. 메이킹은 제작 및 생산 활동을 말하고 메이커 교육은 메이커들을 양성하는 교육을 뜻한다. 메이커 운동이 만들기 활동 중심이다 보니 자연스럽게 공간 개념이 매우 중요하다. 이때 등장한 용어가 메이커 스페이스Maker Space다. 메이커들이 만들기 활동을 위해 필요한 도구를 갖춰 놓은 장소를 말한다. 3D프린터, 레이저커터, 3D스캐너 등 디지털 제작도구와 망치, 선반 등 전통적인 작업도구를 구비한 곳이다. 하지만 이는 공간 이상의 개념도 갖고 있다. 단순히 장비와 도구를 갖춘 장소에서 그치지 않고 자주 들락거리며 무언가를 만드는 사람들이 기술과 지식을 나누고 함께 만든다는 '공유'의 개념이 포함되어 있다.

　화면에 2개의 건물 사진이 뜬다. 왼쪽은 디스쿨로 유명한 스탠퍼드
대학교의 로고다. 오른쪽 이미지도 대학교 로고인 것 같다. 영어를 자
세히 읽어보니 'MIT'로 불리는 미국 매사추세츠공대다. 잠시 후 2개
의 사진 아래에 다른 사진 2개가 나타났다. 스탠퍼드대학교 로고 사
진 아래에는 이미 알고 있는 스탠퍼드대학교의 디스쿨 로고다. 오른
쪽 MIT공대 사진 아래에는 비어 있다. 찾아보고 채우라는 것이다. 무
슨 사진이 필요한지 알 수 없으나, 분명한 것은 MIT와 관련이 있을 것
이다. 또한 디자인씽킹과도 관련이 있고, 곧 배우게 될 메이커, 프로토
타입과 연관성이 있을 것이다. 대원들은 검색엔진에 MIT, 프로토타입,
다지인씽킹, 메이커 등 키워드를 채우면서 실마리를 파헤쳤다.

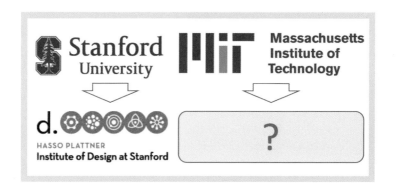

"찾았어요! MIT 미디어랩이에요!" 다른 대원이 또 소리쳤다.
"아니에요! MIT 팹랩이요!"
의견이 엇갈렸다. 과연 마티나는 누구의 손을 들어줄까. 발표했던 대

원들은 각각 미디어랩과 팹랩의 사진을 마티나에게 제출했다. 마티나는 어떤 사진을 채택하여 화면에 보여 줄까. 일단 각각의 설명을 좀 들어보기로 했다.

"MIT 미디어랩Media Lab은 디지털 테크놀로지를 이용한 표현과 커뮤니케이션을 연구하는 곳입니다. 특히 이 연구소가 유명한 이유는 융합연구 때문입니다. 예술과 공학, 인지과학과 이동통신, 인문학과 자연과학 등 서로 다른 학문을 접목해 인간에게 유익한 새로운 창조물을 만들어 냅니다. 전자 종이, 입는 컴퓨터, 감정을 전달하는 의족 등이 바로 이곳에서 개발되었습니다."

발표를 들어보니 스탠퍼드대학교 디스쿨 옆에 등장할 사진은 MIT 미디어랩 사진이 맞을 것 같다. 이번에는 팹랩에 대한 발표를 들었다.

"팹랩Fab Lab은 '제작 실험실Fabrication Laboratory'의 약자로 디지털 기기, 소프트웨어, 3D프린터, CNC 라우터(컴퓨터 제어 절삭기계) 같은 실험 생산 장비를 갖춰 기술적 아이디어를 실험하고 실제로 구현해 보는 '공동의 제작공작소'를 말합니다. 이는 MIT 닐 거센필드 교수가 진행한 인기강좌 '거의 모든 것을 만드는 방법'에서 아이디어가 시작되었습니다."

설명을 들은 뒤의 분위기는 미디어랩에서 팹랩으로 급격하게 기울어졌다. 마티나는 발표를 듣고 화면에 최종 사진을 올렸다. 그런데 예상과 달리 MIT 미디어랩 사진과 MIT 팹랩 사진이 모두 등장했다.

"둘 다 정답입니다. 따지고 보면, 팹랩은 미디어랩의 일부로 시작된 것입니다. 누구나 아이디어만 있으면 큰 비용을 들이지 않고 시제품을 만들 수 있는 공간입니다. 팹랩의 기원은 2001년 미 국립과학재단NSF의 지원으로 MIT 미디어랩 산하에 설립된 CBA^{Center for Bits and} ^{Atoms}로 거슬러 올라갑니다. MIT의 CBA 연구랩은 디지털 혁명 후 다가올 디지털 제작의 진화를 연구하여 팹랩 개념을 정립했습니다. 팹랩은 디지털 개인 제작을 배우는 학습 공간으로 기술 개발 및 활용을 보편화시킨 데 의의가 있습니다."(국립중앙도서관. 도서관 용어 해설)

이후 팹랩이라는 공간은 하나의 개념과 용어가 되었다. 닐 거센필드 교수에 따르면, 팹랩은 정보와 지식을 창출하는 도구를 민주화함으로써 수백만 사용자가 프로슈머(Prosumer: 생산자와 소비자를 합성한 말)가 될 수 있는 환경을 구축했다. 또 디지털 제작을 통해 개인이 스스로 기술을 발명할 기회를 제공했다.

그에 따르면 팹랩은 몇 가지 특성이 있다. 팹랩을 조사했던 대원들은 닐 거센필드 교수의 온라인 강연을 토대로 그 특징을 발표했다.

"팹랩은 공간 개념으로 시작하여, 기술 제작이 더해졌으며, 이제는 문화와 운동이 되었습니다."

"팹랩은 일부 공학 전문가들의 영역이 아니라, 시민과 주민, 학생과 교사 등 모두가 무엇인가 필요를 위해 적절한 도구를 활용하여 만들기를 시도하는 '도구 민주화'를 만들었습니다."

"팹랩은 지역주민이 자신들의 문제를 해결하는 데 필요한 디지털 도구나 장비를 사용하여 직접 기술 아이디어를 기획, 설계하고 현실화할 기회를 제공합니다. 이는 지역사회의 문제를 지역주민이 참여하여 해결하는 풀뿌리 과학기술혁신 활동의 대표적인 사례라 할 수 있습니다."

"팹랩은 이제 전 세계에 분포하고 있으며 한국에도 팹랩서울, 팹랩부산 등이 알려져 있습니다.”

“팹랩은 저개발국가들이 직면한 문제 해결을 위한 대안을 제공하는 국제적 네트워크입니다.”

“팹랩은 시제품 제작을 쉽게 함으로써 첨단기술 개발에 기여하고 있습니다.”

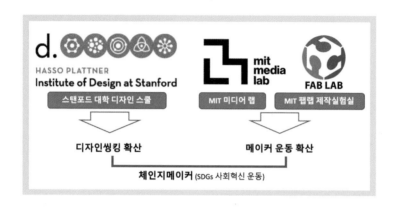

지속가능발전목표의 SDGs로 시작한 전 세계적인 문제 해결의 네트워크와 이 과정의 핵심 방법론으로서 디자인씽킹이 결국 ‘무엇인가를 만드는’ 팹랩의 흐름과 만난 것이다. 닐 거센필드 교수가 팹랩의 아이디어 기초를 제공했던 ‘거의 모든 것을 만드는 법’이라는 수업 이름이 대원들의 귓가에 맴돌았다. 문제 해결을 위한 ‘만들기’, 즉 디자인씽킹의 방법으로서 ‘메이커’가 등장한 배경이다. 이러한 배경에서 시작된 메이커 운동은 매우 현실적으로 구체적인 ‘공간’ 개념이며, 그 핵심에는 ‘도구’가 존재한다. 공간과 도구는 메이커 운동의 배경을 이해하는 데 빠질 수 없다.

인류의 만들고 싶은 욕구가 물리 컴퓨팅을 만나다

"인류는 생존을 위해 도구를 사용해 뭔가를 만들어내는 '호모 파베르 **Homo Faber**'입니다. 처음에는 깨어진 돌이나, 부러진 나무를 사용해 사냥을 하거나 맹수로부터 자신을 보호했죠. 그다음은 직접 돌을 깨서 날카롭게 다듬었죠. 나무를 깎아서 뾰족하게 하고, 직접 화살을 만들기도 했죠. 그다음 시대에는 농사를 지었죠. 먹을 것 이상으로 곡식이 생기자 이를 저장하기 위해 저장도구를 또 만들었죠. 자연스럽게 정착을 위해 거주지를 만들고 이를 개선하면서 본격적인 집수리 장인이 등장했을 겁니다. 이러한 역사는 '만들고 싶은 욕구'를 인류의 몸속에 심은 계기가 되었습니다.

그런데 산업화 시대를 맞아 만들고 싶은 욕구가 잠잠해졌습니다. 증기, 전기를 통한 1차, 2차 산업혁명을 지나면서 자동화 공정으로 대량 생산이 가능해졌죠. 필요한 것을 많이 만들어내는 시대가 온 것입니다. 자연히 만들고 싶은 욕구를 펼칠 일이 줄어든 거죠. 이후 3차 산업혁명으로 정보혁명이 시작됩니다. 컴퓨터의 시대가 도래하면서 인간의 만들기 욕구가 다시 살아났습니다."

여기까지 설명하던 마티나가 잠시 멈췄다. 곧이어 화면에 세 가지 이미지를 띄웠다. 컴퓨터, 프로그래밍 언어 이미지, 그리고 세 번째 칸은 빈칸이다.

"세 가지 도구가 인류의 '만들기 욕구'를 다시 불러일으켰습니다. 첫 번째는 컴퓨터입니다. 두 번째는 그 컴퓨터로 만든 프로그래밍 언어입니다. 즉 무엇인가 동작을 위한 명령어를 만드는 것이죠. 그럼 세 번째 빈칸에는 무엇이 들어갈까요? 단, 정답이 딱 하나는 아닙니다. 다양한 정보를 찾아보고 가능한 것을 여러 개의 이미지로 제출하세요."

대원들이 찾은 이미지는 보기만 해도 흥미로웠다. 움직이는 블록 장난감 사진, 사람처럼 동작을 하는 로봇 사진, 하늘을 날아가는 드론 사진 등이다. 공통점은 모두 '동작'을 한다는 것이다. 마티나는 블록 이미지를 지목하면서, 앞서 제시한 컴퓨터와 프로그래밍 언어, 그리고 움직이는 블록 장난감을 내용으로 엮어서 설명해 보라고 주문했다. 하지만 대원들은 지시 내용을 충분히 이해하지 못했고 당연히 설명도 어려웠다.

"컴퓨터를 사용하여 움직임에 대한 프로그래밍 언어를 만들어, 이를 명령어를 사용하여 블록을 움직이게 하는 것입니다. 그런데 프로그래밍 명령어가 없어도 움직이게 할 수 있어요. 장난감 블록에 모터를 달면 이 모터가 바퀴의 축과 연결되어 굴러가는 거죠. 이때 필요한 것은 컴퓨터 프로그래밍 명령어가 아니라, 그냥 블록 옆에 달린 모터 전원 스위치죠."

마티나는 잠시 화가 난 듯한 표정을 짓더니 화면을 지우고 블록 장난감의 변천사를 보여 주었다.

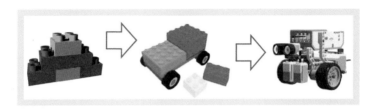

처음에는 움직임이 없는 블록, 그다음에는 모터가 달려 단순하게 앞뒤로 움직일 수 있는 블록, 그다음에는 다양하고 섬세한 움직임이 가능한 블록이다. 즉 대원들이 설명한 블록 장난감은 중간 단계의 단순한 동작을 말했던 것이다.

마티나는 화면을 다시 배치했다. 컴퓨터에서 프로그래밍 언어로 이는 다시 동작하는 레고로 화살표가 이어져 있다. 그런데 프로그래밍 언어와 블록 사이에 새로운 네모 상자를 넣었다.

"컴퓨터는 동작을 위한 명령어를 만들었습니다. 이 명령어와 블록의 실제 움직임 사이에 무엇이 존재할까요?"

메이커 운동은 공간과 도구가 만들어낸 문화다. 특정 공간에서 토론하고 무언가를 만들어내는 것이다. 여기서 도구는 크게 세 가지 기술이 결정적이다. 컴퓨터 기술과 코딩 기술 그리고 마지막으로 뭔가 동작하는 하드웨어 제조 기술이다. 이러한 변화를 만들어내는 과정에서 컴퓨터에 대한 인식의 변화가 한몫했다. 컴퓨터를 학습의 도구나 미디어 도구로만 여기는 것이 아니라, 컴퓨터를 이용하여 무엇인가를 만들 수 있다는 인식의 대전환이 일어난 것이다. 여기에 코딩 교육과 같은 소프트웨어 교육이 시작되면서 제작 기술의 혁신이 일어났다. 그런데 코딩을 통해 만든 명령어를 하드웨어의 움직임으로 연결하기 위해서는 뭔가 한 가지가 더 필요하다. 무슨 기술이 이 사이에 들어갈까. 마티나는 동작하는 블록 이미지를 확대하여 보여 주었다. 이때 대원 중 한 명이 소리쳤다.

"회로판이요!"

그렇다. 회로판이다. 마티나는 화면에 회로판 이미지를 넣어 네 가지 과정을 완성했다. 컴퓨터, 명령어, 동작 회로, 그리고 하드웨어다. 컴퓨터의 명령어를 하드웨어의 동작으로 바꾸는 물리 컴퓨팅Physical Computing 기술이다. 소프트웨어의 디지털 신호를 하드웨어의 물리적 움직임으로 바꾸는 기술을 말한다.

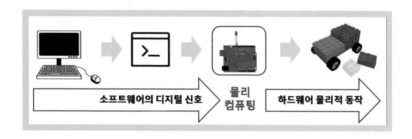

"물리 컴퓨팅 기술이란, 현실 세계의 아날로그 정보를 인지하여 그에 맞게 대응할 수 있도록 센서와 마이크로 컨트롤러 같은 하드웨어 장치와 소프트웨어로 컴퓨팅 시스템을 만드는 것을 말합니다. 물리 컴퓨팅의 대표적인 학습 도구로는 아두이노(Arduino: 컴퓨터 역할을 하는 마이크로컨트롤러와 이를 구동시키는 소프트웨어 프로그램을 포함한 컴퓨팅 플랫폼), 라즈베리파이Raspberry Pi 등 싱글 보드 컴퓨터가 활용되며 간단한 LED

스탠드, 장난감 로봇, 디지털 온도계 등을 만들 수 있습니다."

　대원들이 마티나의 설명을 듣더니 잠시 멈칫했다. 실제 보고 느끼고 만질 수 있는 물건을 만들 수 있다고 하니 상상이 잘 되지 않았다. 물리 컴퓨팅을 이용해 단순히 움직임을 정교화한 것을 넘어 이제는 물건 그 자체를 만들 수 있는 시대가 된 것이다.

메이커 시대를 불러온
결정적 기술

프린터기에서 피자, 케이크, 신발, 자동차, 집 이미지가 출력되었다. 이 사진들의 공통점은 무엇일까. 마티나가 버튼을 누르자, 선반 하나가 열리면서 실제 작은 피자와 케이크가 선반 위에 올라왔다. 잠시 또 선반이 바뀌면서 신발 한 켤레가 등장한다. 또 선반이 돌아가자 이번에는 작은 움직이는 자동차 모형이 나왔다. 다른 선반에서는 건물 모형이 나왔다. 동시에 앞 모니터 화면에는 멋진 실제 신발 한 켤레와 건물 이미지가 등장했다. 프린터기로 출력한 사진으로 본 다섯 가지 이미지의 실물이다. 마티나는 무엇을 말하려는 것일까.

"사진 속의 이미지를 실물로 어떻게 만들었을까요?"

"혹시?"

마티나와 대원들은 같은 답을 떠올리고 있다. 잠시 후 조금 큰 선반이 열리더니 미세한 기계음을 내며 사각형의 기계가 나타났다. 그 기계 안에는 방금 보았던 똑같은 피자가 만들어지고 있었다. 대원들이 예상한 대로 3차원 인쇄, 즉 3D프린터다. 피자, 케이크, 신발 모두 이 프린터기로 만든 것이다. 그렇다면 설마, 자동차와 건물도 프린터기로 만든 것일까. 어떻게 이것이 가능할까.

3D프린터는 도면을 바탕으로 입체적인 물품을 만들어내는 기계다.

3차원 프린터는 밀링 또는 절삭이 아닌, 기존 잉크젯 프린터에서 쓰이는 것과 유사한 적층 방식으로 입체물을 제작하는 장치를 말한다. 컴퓨터로 제어되기 때문에 만들 수 있는 형태가 다양하고 다른 제조 기술에 비해 사용하기가 쉽다. 3차원 인쇄 기술은 4차 산업혁명으로 불리며, 산업 전반에 걸쳐 제조 기술의 큰 변화를 가져왔다. 마티나는 대원들에게 3D프린터로 인해 일어난 변화들을 조사하여 발표하게 했다.

"예전처럼 대량 생산 대량 소비가 아니라, 이제는 꼭 필요한 사람들을 위해 소량으로 생산해 만들어 팔 수 있게 되었습니다. 한마디로 대량 생산에서 소량 맞춤 생산으로 바뀌었습니다."

"최종 제품을 미리 만들어 볼 수 있게 되었습니다. 제품을 미리 만들어 봄으로써 테스트가 가능해졌습니다. 시행착오를 줄일 수 있고 더 나은 제품이 세상에 나올 수 있게 되었습니다. 이를 시제품試製品이라고 부릅니다. 한자어를 그대로 풀어보면 시험적으로 만들어 보는 제품이라는 뜻이죠. 견본품 혹은 모조품이라고도 하는데, 이때는 모조품이라는 뜻의 목업Mock-up이라고 표현하기도 합니다. 실제 생산에 앞서 형상 및 기능을 확인하기 위해 실제 제품과 동일하게 소량의 샘플을 제작하는 것입니다."

메이커 운동은 이렇게 컴퓨터의 용도를 교육용 도구가 아니라 무엇인가를 만드는 도구로 사용하기 시작하면서 일어났다. 컴퓨터의 활용 방식 전환과 더불어 메이커 운동의 폭발적 확산을 불러일으킨 계기는 3D프린터의 등장이다.

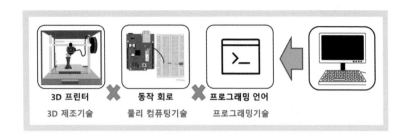

"3D프린터는 정말 못 만드는 게 없죠. 각자 가장 만들고 싶은 3D프린터 활용법을 소개해 볼까요?"

"나의 아바타를 3D프린터로 똑같이 만들고 싶습니다."

"나의 발에 정확하게 맞는 축구화 한 켤레를 만들고 싶습니다."

"나의 작은 키에 딱 맞는 나만의 맞춤 롱패딩을 만들고 싶습니다."

"안경점에서 이미 만들어진 안경테 말고 나만의 안경테를 만들고 싶습니다."

"내가 좋아하는 스포츠 스타 인형을 직접 만들어 방에 전시하고 싶어요."

"나의 좁은 어깨를 넓어 보이게 하는 어깨 근육 수트를 제작하고 싶어요."

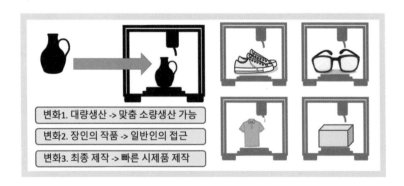

발표를 들은 뒤 마티나가 선반에서 박스 하나를 꺼냈다. 박스에는 'Make-Do'라고 적혀 있다. 다들 무슨 박스인지 궁금해하는데 마티나가 생각할 틈도 주지 않고 질문했다.

"메이커 운동의 결정적 계기를 두 가지 도구로 설명해 볼까요?"

"컴퓨터 활용의 인식 변화와 3D프린터의 개발입니다."

"그러면 컴퓨터라는 도구와 하드웨어의 동작을 만들어 낼 때 사용된 기술을 소개해 볼까요?"

"컴퓨터로 만든 프로그래밍 언어, 즉 소프트웨어 기술과 이를 동작으로 바꾸는 물리 컴퓨팅 기술입니다."

"하드웨어의 동작을 넘어, 하드웨어 자체를 만드는 3D프린터는 어떻게 작동하여 입체 모형을 만들어 낼까요?"

"…."

마티나가 꺼낸 '메이크 두'라는 박스는 3D프린터 견본품을 포함하여 작동원리를 입체적으로 구현해 보기 위해 필요한 물건이었다. 박스 안에는 종이, 골판지, 풀, 가위, 그리고 실타래와 빨대, 플라스틱 용기 등 일상의 재활용품까지 가득 들어 있었다. 재료와 도구를 활용하여 3D프린터의 작동원리를 '메이커 활동'으로 제작해야 한다.

대원들은 역할을 구분하여 인터넷으로 학습하는 팀과 종이에 설계도를 그리는 팀을 구분한 뒤 1차 작업을 진행했다. 이후 실제 모형을 모두가 달라붙어 함께 제작했다. 아두이노와 같은 물리 컴퓨팅 기술을 충분히 이해한 상황이 아니기에 일단 모형을 만들고 그 모형의 사진을 찍어 발표용 프로그램에 입력한 뒤에 그 프로그램의 애니메이션 기능으로 기본 동작을 화면으로 구현하기로 했다.

핵심 도구에는 이름표를 붙였다. 컴퓨터, CAD 프로그램, 재료 공급 장치, 노즐, 제작단 등을 붙였다. 작동의 단계 설명을 위해 숫자 스티커를 붙여 순서를 명확히 나타냈다. 어설프지만 모형을 만들었고, 이를 사진으로 찍어 편집하고 슬라이드 프로그램으로 옮겨 화면을 구성했다. 대원들의 발표가 시작되었다.

"시작은 컴퓨터입니다. 1번은 3D 디자인 설계 소프트웨어입니다. CAD라 불리는 프로그램이 유명하죠."

"2번과 3번은 컴퓨터와 3D프린터를 연결하는 소프트웨어입니다. 컴퓨터로 완성한 입체 디자인 설계를 2번은 3D프린터가 받아들일 수 있는 소스 코드로 바꿔 주는 역할을 합니다. 왜냐하면 3D프린터가 작업하는 방법은 입체의 모형을 마치 슬라이스 치즈처럼 얇은 층으로 구분하여 그 층들을 순서대로 만드는 것입니다. 이 역할을 하는 것이 소스 코드, 보통 G코드라고 합니다. 2번은 3D 모델을 층별 G코드로 바꾸는 역할이고, 3번은 이를 프린터로 전송하는 프로그램입니다."

"4번은 3D프린터에 내장된 구동 프로그램입니다. 일반적인 작동 프로그램이죠. 우리가 예전에 일반 프린터기를 사면 드라이버를 설치하여 실행한 것과 같습니다."

"5번은 본격적으로 3D프린터 몸체에 명령이 떨어지는 것입니다. 6번은 재료 공급 장치입니다. 이때 재료로는 미세한 가루, 액체, 녹인 실 등입니다. 주로 녹였다가 굳히기 쉬운 나일론, 석회가루 등이 사용됩니다."

"7번은 노즐입니다. 노즐로 움직이면서 재료를 뿌립니다. 그런데 노즐이 움직이면서 아래의 제작단도 움직이면서 위치를 잡습니다. 그래서 7번은 노즐과 제작단에 함께 붙였죠."

"8번을 제작단에 다시 붙인 이유는 3D프린터가 원래의 입체 3D 디자인을 각 층별로 작업해서 그 층을 쌓아 올리는 방식이기 때문입니다. 노즐과 제작단을 움직이면서 한 층을 마무리하면 제작단이 수직으로 한 층 내려가게 되고, 그 위층을 또 작업합니다. 이러한 움직임을 반복하면서 층을 추가하면 입체 모양이 나오게 됩니다."

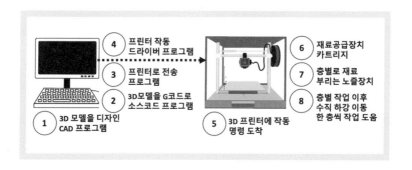

실제 모형을 제작한 뒤 가장 일반적인 3D프린터의 작동원리를 단계별로 설명했다. 프로토타입, 즉 시제품 제작이 어떻게 진행되는지 명확하게 이해할 수 있었다. 3D프린터의 원리를 이해한 이후, 대원들은 앞서 발표했던 '내가 3D프린터로 만들고 싶은 것'을 떠올렸다.

'두부를 만들려면 콩을 갈아서 물과 섞어 액체로 만든 뒤 이를 재료공급장치에 넣으면 되겠구나.'

'축구화를 만들려면 나일론이나 천 재료를 녹인 뒤 이를 재료 공급 장치에 넣으면 되겠다.'

'스포츠 스타 모형을 만들려면 석회를 재료로 사용하면 되겠다.'

일상에 스며든
메이커 정신

메이커 운동은 한마디로 무언가를 만드는 행위다. 레고로 대표되는 블록 상자 1세대 버전에는 그냥 블록 조각만 들어 있다. 블록 상자 2세대 버전에는 모터와 건전지가 함께 들어 있다가 이제 작은 회로판을 포함해 불빛이 나오는 작은 램프 등 독특한 도구가 포함되었다. 결정적으로 신기한 것은 블록으로 사물을 만들고 컴퓨터로 움직임을 설계한 뒤, 회로판과 센서 등을 블록에 연결하여 컴퓨터로 명령하면 움직인다는 점이다.

"블록 장난감 1세대는 그냥 조립, 2세대는 단순 동작, 3세대는 물리 컴퓨팅으로 정교한 동작과 조절로 설명할 수 있겠습니다. 이제 남은 것은 블록 장난감 4세대인데요. 이번에는 블록 장난감 상자를 구입하는 일은 없습니다. 무슨 소리냐고요? 간단합니다. 블록을 녹인 재료를 카트리지에 넣고, 컴퓨터와 3D프린터를 이용해 블록으로 만들었던 그 입체 형태의 사물을 그냥 제작해 버립니다. 컴퓨터로 3D 모델을 설계하고, 이를 프린터가 받아들이는 언어로 바꾼 뒤 보내면 얇은 층으로 쪼개서 한 층씩 재료를 뿌려 입체 모형을 만듭니다. 이것이 블록 장난감으로 설명한 메이커 운동의 기술 변화입니다."

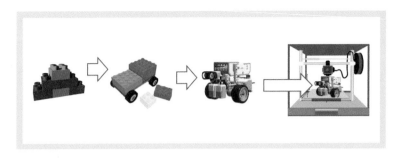

대원들의 설명이 끝난 후 마티나가 물었다.

"그럼, 그다음은 어떻게 될까요?"

"그다음은…."

마티나는 화면에 이미지 4개를 띄웠다. 지루해하는 어린아이, 운전 중 하품하는 사람, 무거운 수레를 끌며 힘들어하는 아프리카 소년, 배기가스를 내뿜는 자동차다.

"지금까지 우리가 설명한 메이커 운동은 어느 그림에 필요할까요?"

"첫 번째요. 뭔가 지루한 것 같은데 3D프린터를 만나면 신날 것 같아요."

"우리가 배운 SDGs, 디자인씽킹의 과정을 적용해서 나머지 그림에서 문제를 찾고, 그 해결 차원에서 3D프린터의 활용 방안을 찾아볼까요? 다만 앞에서 블록 장난감으로 살펴본 사례가 자동차 쪽이니 그 내용을 계속 이어서 가면 좋겠습니다."

마티나는 메이커 운동이 어디까지 활용될 수 있는지를 말하고자 했다. 메이커 운동이 디자인씽킹과 연결되는 대목이다. 결국, 문제를 해결하기 위해서는 만드는 행위가 필요하기 때문이다. 대원들은 의견을 모아 네 가지 그림에 문제 유형의 제목을 달았다. 순서대로 일상의 지루함, 생활 속 불편함, 세상의 불균형, 인류의 지속 가능성 문제. 각 문제 해결의 목적은 재미, 편리, 균형, 미래 생존을 찾는 것이다. 문제 해결을 위해 메이커 활동을 적용해 보았다.

"3D프린터는 다양한 역할을 할 수 있습니다. 첫 번째 하품하는 어린이를 위해 자동차 장난감을 제작해 줄 수 있습니다."

"두 번째 문제 상황에 대한 해결책으로는 운전자가 졸음이 와서 자세가 흐트러지면 진동을 울리는 센서가 달린 카시트를 3D프린터를 통해 만들 수 있습니다."

"아프리카 커피농장의 아이들을 위해서는 전동 수레를 제작하여 보급하면 어떨까요. 그런데 아프리카에서 어린 나이에 노동에 내몰리는 어린이를 위해서는 기술적인 메이커 활동보다는 그들의 인권을 위해 다른 게 더 필요하다고 생각합니다." 이 발표에는 박수가 쏟아졌다.

"마지막은 자동차 배기가스인데 온실효과, 지구온난화, 수온 상승, 북극 해빙 감소, 해수면 상승 등 환경문제를 일으키는 주범입니다. 메이커 활동을 통해 전기로 달리고, 동시에 달리면서 전기를 재생산하는 친환경 자동차 제작도 가능하지 않을까요?"

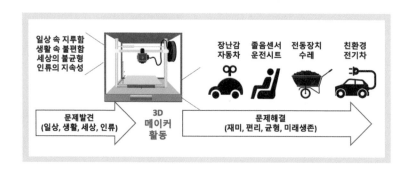

발표 내용만 보면 왠지 전문가들만 할 수 있는 거창할 일처럼 다가온다. 하지만 일상의 소소하고 다양한 문제를 해결할 때도 메이커 정신이 발휘될 수 있다.

일상의 불편함을 해소하는 메이커들

"손으로 빨래하는 게 너무 힘들어요."

이 말을 들은 남편은 아내를 위해 무엇을 할 수 있을까 고민한다.

"여보, 당신 생일 선물로 손으로 돌리면서 세탁하는 기계를 만들어 보았어요."

이것은 1874년 윌리엄 블랙스톤의 실화다. 최초의 가정용 세탁기는 아내가 겪는 문제를 해결하기 위해 남편이 '메이커 활동'으로 만들어낸 결과물이었다. 물론 그 이전 1851년에 제임스 킹이 실린더 형태의 세탁기를 발명한 적이 있다. 이후 1908년에는 미국의 엘바 존피셔가 전기모터가 달린 드럼통 형태의 세탁기를 고안했다. 오늘날 우리가 사용하는 드럼형 세탁기의 초기 모형이었다. 이처럼 메이커 운동은 우리의 일상 속 필요를 해결하기 위해, 아주 가까운 곳에서 활발하게 일어나는 활동이다.

"일상에서 사람들이 느끼는 불편함에 대해 어떤 메이커 활동이 일어났는지 알아볼까요? 결국 메이커 활동이 우리의 삶과 일상을 어떻게 바꾸었는지 알아보겠습니다."

화면에는 어떤 문제 상황을 표현한 문장과 이미지 상자가 있다. 문제 상황에 대한 해결책으로서 등장한 메이커 활동 결과를 입력하는 것이다.

"공공장소에서 줄을 서서 기다리는 게 불편하다."

"마트 주차 자리를 찾으러 다니는 게 불편하다."

"몸을 구부려 신발 끈을 묶고 푸는 게 귀찮다."

첫 번째 문제 상황에 대한 답변으로 마티나는 2장의 사진을 보여 주었다. 과거 은행의 모습이다. 길게 줄을 서서 자신의 순서를 기다리는 고객들의 모습에서 피곤함이 보인다. 그런데 옆의 사진에는 번호표 기계가 하나 있을 뿐 아무도 줄을 서지 않는다. 순서대로 번호표를 발급하는 시스템이 문화를 바꾼 것이다. 일상의 불편함을 메이커 활동으로 해소한 예다.

대원들은 마티나를 따라 나머지 문제 상황에 대해 각각 2장의 사진을 찾아서 제출했다. 주말에 대형 마트 주차장에서 주차할 자리를 찾는 일은 고역이다. 첫 번째 사진은 주차 자리를 찾다가 지친 고객의 모습이 보인다. 다음 사진은 주차 가능 대수를 입구에서 알려 주는 전광판과 각 주차 자리에 초록색과 빨간색 램프를 달아 빈자리에는 초록색 불이 들어온 모습이다. 간단한 아이디어로 주차문화를 바꾸었다. 마지막 문제 상황에 대해 대원들이 찾은 이미지는 신발 끈을 묶고 있는 장면과 신발에 지퍼가 달린 이미지다.

이제 대원들이 직접 자신의 일상 속 문제를 찾아보기로 했다.

"화장실에서 볼일이 급한데 칸마다 일일이 노크하는 건 참 불편해요."

"공공화장실 휴지통 주변이 너무 지저분해요."

"정말 당황스러운 경험이 있는데요. 물 내리는 손잡이가 약간 낮아서 몸을 숙여 눌렀는데 그 찰나에 물이 얼굴에 튀었어요."

"또 불편한 게 있어요. 볼일 보는 데 여기저기 힘주는 소리가 막 들리는 거예요. 이해는 되지만 너무 리얼하잖아요."

문제 상황에 대한 설명이 끝나자마자 마티나는 5장의 사진을 찾아 화면에 나열했다. 첫 번째는 화장실 손잡이 부분에 안에서 잠그면 '사용 중' 글자가 보이는 장치다. 노크할 필요를 없앤 메이커 결과다. 두 번째 사진은 최근에 만들어진 일부 화장실에서 시범적으로 설치한 화장실 입구 대형 모니터다. 화장실 칸의 현재 사용 상태를 색깔로 표시했다. 화장실에 들어가기 전에 이미 빈칸 여부를 확인하는 메이커 결과물이다. 세 번째 사진은 물에 녹는 두루마리 휴지 사진이다. 화장실 휴지를 물에 녹는 휴지로 대체하면서 쓰레기통을 없앴고, 이후 화장실이 깨끗해졌다. 네 번째 사진은 화장실의 물 내리는 손잡이가 아예 바닥에 가까운 위치에 있어 신발로 누르기 편하게 만들어진 사진이다. 다섯 번째 사진은 화장실에 센서와 스피커를 달아서 이용자가 들어가면 전등이 켜지면서 자동으로 음악이 나오는 시스템이다. 음악은 일반 클래식도 있고, 시냇물 흐르는 소리도 있다.

그러고 보니 화장실에 대해서 우리가 일상에서 느끼는 불편함의 상당 부분은 계속 해결되고 있는 셈이다. 메이커 운동은 이미 우리 삶과 함께 일어나고 있는 자연스러운 현상임을 확인할 수 있었다. 또 한 가지 중요한 점은 메이커 운동이 꼭 어떤 기술과 컴퓨터를 활용한 제작 활동에 국한되지 않고 변화를 위해 꼭 필요한 그 무엇을 만드는 개념이라는 것이다. 해결할 문제가 있고, 해결할 아이디어가 있으며, 그 결과 어떤 형태가 나오고 이에 따라 문제가 해결되고 변화가 일어났다면 이것이 바로 메이커 운동이다. 그러니 누구나 일상에서 문제를 발견할 수 있는 '안목'과 일상의 도구로 무엇인가를 만들어 문제를 해결하는 '열정'을 갖고 있으면 메이커로서 자질이 충분하다.

골판지 장난감
(출처. 과학창의재단)

나만의 에코백
(출처. 전남대학교)

요플레 통 화분
(출처. 과학창의재단)

마티나는 화면에 큰 시계를 보여 주었다. 하루 24시간을 살아가면서 우리가 느끼는 생활의 불편함이 무엇인지 찾아보는 것이다. 디자인 씽킹을 통해 문제발견을 충분히 연습하면 어렵지 않게 할 수 있다. 대원들은 너나 할 것 없이 답변했다.

"세수할 때 사용하는 딱딱한 비누가 물에 녹아 지저분해집니다."

"현관문 옆 신발장은 늘 지저분하고 먼지가 많아서 집에 들어오고 나갈 때 먼지를 마시는 것 같아 불편합니다."

"재활용 쓰레기 바구니를 들고 아침저녁으로 밖에 나가는 일이 은근히 힘듭니다."

"아침에 바쁜데 머리 감고 드라이 기계로 머리를 말릴 때 팔도 아프고 마음도 급해져요."

"학교 갈 때 버스를 타는 데 이게 오는 시간이 정말 들쭉날쭉해요. 대략 시간을 예상하고 나가도 어떤 날은 이미 떠나 버렸고, 또 어떤 날은 한참을 기다려도 오지 않아요."

"학교에 음료 자판기가 없어졌어요. 매점도 곧 문을 닫을 거래요. 청소년의 건강을 위해서라고 하는데 그럼 건강에 좋은 간식을 주거나, 그런 걸 파는 자판기라도 있어야 하는 것 아닐까요. 한참 먹고 성장할 나이인데 얼마나 배가 고프겠어요."

"수업시간에 필기를 따라가는 게 쉽지 않아요. 필기할 것이 많은 선생님 수업은 현기증이 나요. 때로는 필기하느라 수업을 제대로 듣지 못할 때도 있어요."

일상에서 문제를 찾을 때 하루 시간대별로 집, 등굣길, 버스, 학교, 수업시간, 쉬는 시간, 점심시간, 하굣길, 학원 수강, 귀가, 잠들기 전 시간 등 시간의 흐름으로 동선과 공간의 변화를 따라가다 보면 숨겨진 불편함을 찾을 수 있다. 여기서 중요한 것은 그 문제를 해결하는 과정에서 반드시 IT 기술을 사용하지 않더라도, 주변의 활용 가능한 도구를 찾아 아이디어에 기초하여 무언가를 만들 수 있다는 점이다. 가정과 학교를 넘어 골목, 도로, 마을, 학교 주변, 도시, 사회, 환경, 국가, 세계, 우주 등으로 관찰의 범위를 확대하면 그에 따라 해당되는 문제 상황이 나온다.

디자인씽킹으로 시작해
메이커 활동으로

처음부터 거창하게 지구가 안고 있는 문제를 해결하겠다고 나서는 사람은 많지 않다. 자신을 둘러싼 일상에서 불편한 부분을 해결하고자 시도했는데, 자신의 삶뿐만 아니라 다른 사람의 삶에도 영향을 미치게 되는 경우가 많다. 이를 사업화하는 것은 매우 바람직한 사회 기여 방법이다. 사람들에게 필요한 서비스를 제공하고, 일자리가 만들어지고, 경제가 선순환한다. 문제 해결의 아이디어를 직업과 연동시키는 방법은 SDGs에서 연습해 본 적이 있다.

음식물 쓰레기 냄새를 해결한 발명 동아리의 예를 들어보자. 음식물 쓰레기 특성상 물기가 계속 나오고 봉지에 담아도 액체가 고이며 냄새를 유발하는 일이 빈번하다. 이 부분을 주제로 토론을 하던 청소년들이 과학교사의 지도를 받아 수분과 접촉하면 그 수분을 빨아들이고 굳게 만드는 화학성분을 찾게 되었다. 여기에 몇 가지 성분을 더 추가하면 음식물 쓰레기를 건조시키는 효과도 있음을 발견했다. 이를 청소년 비즈쿨 경진대회에서 발표하고 상을 받았다. 그러자 지자체와 환경기업에서 학생들의 아이디어를 지원하겠다는 계획을 밝혔다. 이후 음식물 쓰레기 봉지 제작에 이 성분을 포함하는 개발이 진행되었고, 해당 지역의 모든 음식물 쓰레기 봉지가 바뀌었다. 음식물의 국물이 발생하거나 악취 나는 일이 현저히 줄어들었다.

이 사례를 들여다보면 문제를 발견하고, 해결하는 전형적인 디자인 씽킹 활동이다. 또한 음식쓰레기 봉지를 만들면서 수없이 많은 시제품을 만들어 문제점을 개선했다. 전형적인 메이커 활동이다. 이러한 활동이 창업이나 기업의 서비스를 개선하는 혁신으로 이어진다.

우리는 삶에서 부딪히는 숱한 문제를 해결해야 할 필요성을 느낀다. 문제를 찾는 방법은 '관심'을 가지고 '일상'을 '관찰'하는 것이다. 사람들의 삶을 관찰하다 보면 '불편'을 느끼는 부분을 이해하게 된다. 이때 사람들의 마음속 '욕구'을 읽게 되고 이것이 곧 새로운 '필요'로 이어진다. 대부분 이러한 필요들은 시대의 '변화'와 관련되어 있다. 보통 그 변화에 가장 예민하게 반응하는 것이 '시장'이다. 사람들의 필요와 시대의 변화, 그리고 시장의 반응까지 살피게 되면 바로 그 지점에서 '가능성'이 생긴다. 그 가능성을 만드는 과정이 바로 디자인씽킹과 메이커 운동이다.

변화를 만든다는 것은 이전에 있던 것을 개선하는 것일 수도, 이전에 없던 새로운 것을 만드는 것일 수도 있다. 그 결과, 문제는 해결되고, 해결의 열매는 '기술'이 될 수도, '제품'이 될 수도 있다. 어떤 '방식'이기도 하고, '서비스'이기도 하다.

미국에서는 매년 메이커 페어Maker Faire가 열린다. 메이커들이 직접 만든 개인 작품 또는 성과물을 일반 대중에게 공개하는 행사로, 다양한 주제의 워크숍, 세미나와 유명인사 강연이 함께 진행되는 축제다. 연간 70만 명이 넘는 메이커가 이 행사에 참여한다. 우리나라도 2012

년부터 메이커 페어를 열고 있지만, 미국과는 비교할 수 없을 정도로 작은 행사에 머물고 있다.

미국이나 중국처럼 수많은 메이커가 창업을 주도하고 산업 혁신의 동력을 제공하게 하려면 어린 시절부터 아이디어 발상 훈련을 꾸준히 하면서 성장해야 한다. 초·중·고를 지나면서 디자인씽킹, 메이커 운동을 경험하다 보면 비즈니스까지 연결될 아이디어가 탄생할 수 있다. 이러한 과정을 학교를 통해 어떻게 배울 수 있을까.

학교에서 이루어지는 메이커 교육

메이커 스페이스가 실제 중고등학교에서 가능할까? 그 공간의 세부 모습은 어떨까. 그곳에서는 어떤 작업을 할까. 어떤 순서로 만들기를 하는 것일까. 만약 미래형 학교를 우리가 설계한다면 어떤 공간을 만들 수 있을까. 우리가 배웠던 메이커 공간들을 학교 안과 학교 밖에 배치할 수 있을까. 학교를 중심으로 지역 전체가 메이커 공동체로 성장할 수는 없을까. 마티나는 지난 시간에 공개했던 메이크 두 Make-Do 박스를 다시 꺼냈다.

"메이커 스페이스와 메이커 교육을 포함하여 학교 중심의 작은 교육 도시를 설계해 보세요. 그냥 그림으로 설계하는 것보다는 메이커답게 프로토타입을 만들어 보세요."

배운 내용을 최대한 반영해야 한다. 융합교육, 인성교육, 메이커 교육, 진로교육 등이 포함되는 것이다. 메이커의 다양한 공간 구분도 포함해야 한다. 그리고 이러한 교육이 학교 안에서만 이루어지는 것이 아니라 지역의 문화로도 확장되면 좋겠다. 메이커 운동은 '만들기'와 '협업'이 핵심이다. 공간 개념이 중요한 이유다. 공간을 상상하는 활동을 2차원적인 활동이 아니라 3차원적인 입체 모형으로 활동하는 것의 생동감을 대원들은 지금 경험하고 있다. 우드락 판넬을 바닥에 깔고 그 위에 수수깡과 빨대, 굵은 실과 블록 조각 등을 활용하여 공간들을 배치했다.

"작업의 한계가 있어 층 개념을 넣지 않고 단층으로 구성했습니다. 가장 중요한 핵심 공간은 다섯 가지입니다. 인성교육 차원에서 기본 교실 개념이 필요합니다. 담임교사도 필요하고요. 기본 교실이 중심에 있습니다. 옆에는 수준별 교실이 있고, 창의성 교육을 위해 교과융합 교실을 두었습니다. 진로교육을 위해 진로 교실이 필요하고, 기존의 컴퓨터실 개념을 없애고 메이커 스페이스를 만들었습니다. 다만, 그 위치가 교실과는 좀 떨어진 위치에 별도로 있으면 좋겠습니다. 드릴, 절삭 등의 도구로 재료를 가공하는 소리가 많이 나기 때문이죠. 방음 장치를 한다면 굳이 떨어지지 않아도 됩니다."

"학교 근처 대학에는 청소년도 함께 참여할 수 있는 팹랩이 있습니다. 해커스페이스와 테크숍, 팹카페도 있습니다. 해커스페이스는 창작 활동을 하고 싶어 하는 제작자들이 함께 프로젝트를 진행하거나 계획을 공유하는 일종의 공방이자 연구소입니다. 테크숍이나 팹카페도 마찬가지입니다. 이런 장소에서 다른 학교 청소년과의 프로젝트 협업이 이루어집니다."

"조금 특별한 상상도 해보았습니다. 메이커 활동의 현장 경험으로 정비소, 목공소, 스튜디오, 식품공장 등 지역 내 다양한 메이커 업종과 학교 메이커 교육을 연결하여 진로 및 직업교육을 할 수도 있습니다."

"메이커 운동은 메이커 문화라고 표현하기도 합니다. 지역축제와 메이커 페어를 연중행사로 열거나 학교중심으로 메이커 데이를 개최할 수 있습니다. 이는 학생과 교사, 학부모가 주축이 되는 메이커 활동 발표회 성격입니다. 다만, 특별한 점은 기존의 뻔한 발표회처럼 학생들이 뭔가 준비해서 발표하는 게 아닙니다. 학생이 교사와 협업하고, 학생이 부모와 협업하여 모두가 참가하고 모두가 발표하는 퍼포먼스를 생각해 보았습니다."

대원들의 발표는 막연한 상상이 아니라, 이미 진행되고 있는 정보를 수집하여 가상의 학교에 반영한 것이다. 공간을 중심으로 변화를 만들어내는 메이커 운동을 충분히 공감할 수 있는 발표였다.

그런데 메이커 스페이스 안에서는 실제 어떤 일들이 일어날까. 어떤 도구들을 사용하고 어떤 순서로 작업이 진행될까. 메이커 수업의 일반적인 단계는 일곱 가지 순서로 이루어진다.

아이디어도출, 계획, 만들기, 시험, 피드백, 조정하기, 다시 만들기다. 이 단계를 단순화하여 3단계로 표현하기도 한다. 일명 'TMI'라고 불리는 'Think, Make, Improve' 순서다. 생각하고 만들고 개선한다. 그리고 모든 과정은 '협업'을 통해 진행한다.

메이커 활동에는 누가 참여할까. 발명 동아리 멤버들만 참여하는 것일까. 다른 적성을 가진 학생들은 참여가 어려울까. 메이커 활동을 순서대로 진행하려면 어떤 능력이 필요할까. 누가 이들을 가르칠까. 실제 공구를 사용하고 컴퓨터 프로그램을 사용하는 활동은 전문적인 지식도 필요한데 누가 가르치고, 어떻게 정보를 얻을까. 여기에 대한 답 또한 '협업'이다.

메이커 교육에서는 가르치고 배우는 이가 따로 있지 않다. 협업을 통해 만들기 때문이다. 과거 혼자 만드는 DIY^{Do It Yourself}에서 함께를 강조하는 DIT^{Do It Together}가 메이커 운동의 기본이다. 아무도 모르는 분야가 있을 때는 메이커 커뮤니티를 통해 다른 메이커들과 전 세계적으로 소통하면서 정보를 주고받는다. 메이커에게 가장 필요한 것은 기술력보다도 협업 정신인 이유가 여기에 있다.

상상을 현실로 만들어 주는 곳,
메이커 스페이스

메이커 스페이스는 만드는 작업을 위한 작업 공간과 도구를 제공하는 장소를 말한다. 실제 메이커 스페이스 안은 어떤 모습일까. 어떤 도구가 비치되어 있을까. 마티나는 화면에 다양한 용어를 띄웠다. 인두, 납, 절단기, 망치, 목공도구, 마이크로컨트롤러, 소스코드, 로보틱스, 아두이노, 3D프린터, 코딩, 스크래치, 소프트웨어, C언어, G언어, 프로그래밍, 톱, 제단기, 압축기, 나무, 플라스틱, 재활용품 용기, 천 조각, 단추, 바늘, 실리콘 등 만들기 좀 해본 사람들의 본능을 자극하는 여러 용어가 가득했다.

이 용어들을 일단 아날로그 장비와 디지털 장비로 분류했다. 망치, 톱, 압축기, 제단기, 인두, 납, 단추, 목공 도구, 나무, 플라스틱, 각종 재활용품 용기, 천 조각, 단추, 바늘, 실리콘 등은 아날로그 장비로 보냈다. 나머지 3D프린터, 스크래치, 아두이노, C언어, G언어, 코딩 등의 용어들은 디지털 장비로 보냈다. 용어들을 분류하면서 메이커 스페이스 안에 배치된 모습이 머릿속에 떠오른다. 한쪽 공간의 벽과 테이블에는 톱, 망치, 드릴, 인두 등이 진열되고 다른 방향의 공간에는 컴퓨터와 3D프린터가 배치된 모습이다. 간단한 분류 작업으로 메이커 스페이스 공간 배치의 효과를 냈다.

마티나는 이번에 다른 분류 기준을 대원들에게 제시했다. 이미 분류한 내용을 그대로 둔 채 이번에는 사용 도구와 사용 프로그램으로 분류해 보라고 했다. 다시 말하면 하드웨어와 소프트웨어로 구분해 보라는 것이다. 얼핏 보기에는 아날로그와 디지털로 구분한 이전 분류와 비슷하지만 디지털에 있는 것 중에 사용 도구로 옮길 것들이 있었다. 3D프린터가 대표적이다. 이는 소프트웨어로 움직이는 하드웨어이기 때문이다.

메이커 스페이스의 공간 구성에 대해 가장 어려운 활동이 시작되었다. 마티나는 화면에 여섯 가지 메이커 스페이스 구비 품목을 제시했다. 전자 부품과 도구, 컴퓨터와 소프트웨어, 공예 및 미술용 비품, 건축 재료와 전통적 도구들, 재활용할 수 있는 물건, 마지막으로 책과 자료다. 목록에 맞게 다양한 도구를 검색하여 목록을 채워 넣어야 한다. 마치 공구상가에 가서 쇼핑하는 마음으로 마음껏 찾아보아야 한다.

"전자 부품과 도구들은 전압계, 납땜인두, LED, 버저, 빛과 소리를 만드는 도구들, 다양한 크기의 배터리, 전선, 구리테이프, 전도성 페인트, 저항기, 콘덴서, 소형 전자 부품, 전선 절단기, 스트리퍼, 펜치. 돋보기, 부품과 회로보드를 안정적으로 담아 둘 작은 상자 등입니다."

"컴퓨터와 소프트웨어로 찾은 도구는 다양한 유형의 케이블, 메모리 스틱, 메모리 카드, 공CD / DVD, 마이크, 헤드셋, 스피커 등입니다."

"공예와 미술용 비품으로는 글루건과 비품, 펠트, 직물, 시트, 인쇄용지, 자를 수 있는 플라스틱, 발포 고무, 카펫 자투리, 타일 샘플, 비닐, 스티커, 파이크 세정제, 고무밴드, 종이 클립, 못, 줄, 낚싯줄, 바느질용품, 스냅스, 찍찍이, 쇠고리, 테이프와 덕트 테이프, 가위와 만능칼, 모형 만들기용 찰흙 등입니다."

"건축 재료와 전통적인 도구로는 플라이어, 클리퍼, 가위, 해머, 금속용 가위, 줄자, 펀치, 쇠톱, 드릴, 전동 스크류드라이버, 천 조각 모음 및 합판, 판지, 못, 나사, 너트, 볼트, 와셔, 핀, 클립, 이음장치, 가는 못, 고리 등입니다. 이는 전기를 쓰는 도구와 조립에 사용하는 도구를 모두 포함한 것이죠."

"재활용할 수 있는 도구로는 오래된 낡은 휴대폰, 계산기, 리모콘, 라디오, 시계, 텔레비전, 기타 집에서는 더는 필요 없는 도구들, 그리고 다양한 일회용품과 플라스틱 용기 등입니다."

"책과 자료로는 길잡이 책, 프로젝트를 위한 책, 퍼즐 책, 코드 도서, 수학 기교, 논리 퍼즐, 다문화 책, 예술 관련 책, 《메이크》 잡지, 그리고 컴퓨터 잡지 등입니다."

이 정도면 곧바로 돈과 목록을 들고 공구백화점에 가서 쇼핑해도 될 정도다. 실제 메이커 활동을 해보고, 유튜브에 메이커 스페이스를 경험해 본 학생들의 인터뷰 내용은 공간과 도구에 대한 현장감을 더한다.

해외보다는 그 수가 많지 않지만, 국내에서도 다양한 메이커 스페이스가 운영되고 있다. 상당수는 정부 지원을 받아 무료로 장비와 공간을 사용할 수 있다. 한국과학창의재단에서 운영하는 메이크올 홈페이지(http://www.makeall.com/reservation/map.php)에 가면 국내 메이커 스페이스에 대한 정보를 찾아볼 수 있다.

프로토타입
만들기

　디자인씽킹의 단계대로 문제를 해결해 가다 보면 프로토타입의 단계에 도착한다. 프로토타입을 학습하면서 대원들은 메이커 운동 전반을 훈련했다. 마티나는 대원들에게 새로운 지식을 가르쳐 주면서도 고정관념에 묶이는 것을 경계했다. 프로토타입도 마찬가지다. 그래서 두 가지 사례를 바탕으로 프로토타입의 유형을 찾는 연습과 더불어 프로토타입의 고정관념을 넘어서는 훈련을 진행했다.

　"10대 청소년들이 학교를 중심으로 문제를 찾아 해결하는 사례를 보고, 이 학생들이 어떤 단계로 프로토타입을 만들었는지 체크리스트를 채워 보세요."

　화면에는 실제 어느 초등학교 학생들이 디자인씽킹과 메이커 활동으로 문제를 해결한 사례가 단계적으로 사진과 함께 보였다. 학교에 오르는 계단이 매우 길고 가파르다는 점을 문제점으로 찾아내고, 문제 공감과 발견의 차원에서 설문조사를 진행했다. 문제의 핵심을 정의하면서 '안전'과 '재미'를 핵심 키워드로 내세웠다. 긴 계단을 오르는 일이 안전하면서도 흥미로운 일이 되도록 어떤 해결책이 필요한지 아이디어를 도출했다. 계단을 안전하게 오르되 계단에 특정 색의 발자국 마크를 넣고, 안전 손잡이에도 특정 스티커를 붙여서 계단의 색상과 손잡이의 스티커를 잡을 때마다 회로 센서가 반응하여 재미있는 음악이 나오거나 학교 소식 등이 스피커로 나오는 아이디어를 꺼냈다.

그다음 단계로는 당연히 프로토타입을 만들기 위해 메이커 활동에 들어갔다. 프로토타입은 시제품이라는 말 그대로 실제 현장의 동작을 예측할 수 있도록 미리 만들어서 시험해 보는 것이다. 명령어를 만드는 프로그램을 활용하여 센서 동작을 구성했고, 실제 센서에 터치나 압력을 가했을 때 스피커에서 음악이나 녹음된 멘트가 나오는 것을 시험했다. 컴퓨터실에서 테스트 이후 현장 계단에서 프로토타입 테스트를 했다. 시범 기간을 정해 일반 학생들이 사용해 보게 한 후 피드백을 들었다. 기능을 다시 개선한 뒤 정식 오픈을 했다.

디자인씽킹과 메이커 활동을 연결시킨 교과서적인 사례라 할 수 있다. 이 과정에서 학생들 각자의 개성과 적성을 반영하여 적절히 역할을 나눴다. 음악 선정, 디자인, 안내 문구 작성, 프로그래밍 언어 제작, 회로 작업 등 메이커의 핵심 정신인 DIT 협업 정신을 바탕으로 한 사례다. 사례를 살핀 이후 '프로토타입 유형 체크리스트'를 살펴보았다. 프로토타입을 선정할 때 참고할 주제는 크게 다섯 가지 질문으로 구성된다.

"메이커 활동으로 해결할 문제가 어느 정도의 범위와 규모인가?"

"메이커 활동의 정도가 이전에 있던 것을 개선하는 정도인가, 아니면 비슷한 다른 것으로 교체할 정도인가, 전혀 새롭게 창조하는 것인가?"

"메이커 활동의 프로토타입 결과물이 움직임이 필요 없는 모형인가, 센서가 필요한 모형인가, 단순하거나 복잡한 동작이 필요한 모형인가?"

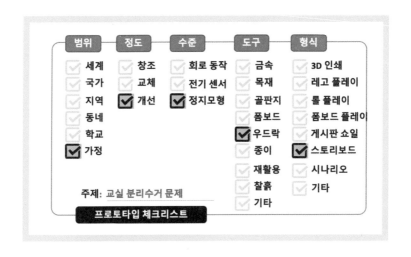

범위 / 정도 / 수준 / 도구 / 형식

범위	정도	수준	도구	형식
세계	창조	회로 동작	금속	3D 인쇄
국가	교체	전기 센서	목재	레고 플레이
지역	☑ 개선	☑ 정지모형	골판지	롤 플레이
동네			폼보드	폼보드 플레이
학교			☑ 우드락	게시판 쇼일
☑ 가정			종이	☑ 스토리보드
			재활용	시나리오
			찰흙	기타
			기타	

주제: 교실 분리수거 문제

프로토타입 체크리스트

"메이커 활동의 프로토타입 제작 핵심 재료가 금속, 목재, 골판지, 폼 보드, 우두락, 종이, 재활용품, 찰흙 중 무엇인가?"

"메이커 활동이 프로토타입 형태와 형식이 3D인쇄물, 블록 모형 동작, 롤 플레이, 폼 보드 모형, 참여 게시판, 스토리보드, 시나리오 중에서 무엇인가?"

"문제의 핵심 주제는 무엇이며, 문제 해결의 형태가 담긴 프로토타입 제목은 무엇인가?"

범위, 정도, 수준, 도구, 형식 그리고 주제와 제목을 토대로 대원들은 학교 계단의 문제점을 해결한 학생들 사례를 체크리스트에 표기했다.

마티나는 두 번째 학생들 사례를 보여 주었다. 초등학생 6학년으로 구성된 또래 친구들이다. 앞서 제시한 사례 역시 초등학생 사례였다. 이런 사례만 보아도 디자인씽킹과 메이커 활동이 대학생 이상 성인과 전문가들의 영역이 아니라 전 세대가 참여할 수 있는 미래교육의 패러다임이라는 사실을 확인할 수 있다.

학생들은 사회를 바라보면서 다양한 문제를 찾고 그중에서 다문화 문제와 차별에 집중했다. 이를 토대로 주변 학생들이 실제로 어떤 차별을 겪고 있는지 인터뷰와 관찰 및 자료조사를 했다. 이를 해결하기 위한 다양한 아이디어 회의를 거쳤으며 문제를 해결하기 위해 선택한 방법은 독립영화를 제작하고 독립영화제에 출품함으로써 문제를 환기시키고 해결책을 제시하는 것이었다. 결과적으로 이들이 선택한 메이커 활동의 프로토타입은 '영화'였다. 이 과정에서 메이커 활동의 협업 정신을 충분히 발휘했다. 작곡이 취미인 학생은 영화 배경음악을 만들었다. 방송반 활동을 하는 학생은 카메라 촬영을 담당했다. 배우 역할을 하는 학생도 있고, 라디오 작가를 꿈꾸는 학생도 이 프로젝트에 참여해 시나리오 작성과 홍보에 기여했다.

마티나는 추가 활동을 지시했다.

"교실 분리수거 문제라는 주제로 디자인씽킹을 거쳐, 프로토타입 유형을 체크한 뒤 실제 메이커 활동으로 결과물을 만들어 보세요."

지시 사항을 듣고 대원들은 서로 쳐다보며 '씩' 웃었다. 얼마든지 할 수 있다는 자신감의 표현이다. 그런데 이번 활동에서는 프로토타입 체크리스트 항목 중 '도구' 부분을 대폭 수정해야 했다. 재활용 분리수거이기 때문에 실제 재활용을 활용한 분리수거 박스를 만들기로 한 것이다. 그러다 보니 온갖 재활용품 종류를 모두 찾아보기로 했다.

- **종이류** : 신문지, 책, 종이박스, 봉투, 포장지, 우유 팩, 전단지
- **병류** : 맥주, 소주, 음료수, 식용유, 생수

- **고철류** : 고철, 알루미늄, 양은, 스테인리스, 섀시
- **캔류** : 음료수 캔, 부탄가스, 에어졸 캔
- **플라스틱** : 페트병, 세제 용기, 우유병, 김치통, 컵라면 용기
- **기타** : 과자봉지, 라면봉지, 종이팩, 스티로폼, 의류

체크리스트 작업을 몇 번 해보면서 대원들은 중요한 한 가지 원칙을 깨달았다. 체크리스트가 매번 조금씩 바뀐다는 사실이다. 프로토타입을 계획하는 방법과 형태만 유지한 채 세부적인 체크항목은 주제에 따라 변화한다는 것이다.

프로토타입 제작을 위한 메이커 활동은 흥미롭지만 종종 두 가지 어려움에 부딪친다.

첫 번째는 최종 쓰임새에 대한 구체적인 계획 없이 무작정 만들기에 돌입하다가 결국 다 만든 뒤에 시행착오를 겪는다는 점이다. 두 번째는 멤버들 간의 의견 충돌과 배려 부족이다. 이러한 문제를 해결할 수 있는 실마리가 바로 프로토타입의 유형 중 하나인 '스토리보드 Storyboard' 제작이다.

분리수거와 관련하여 대원들은 한편의 스토리보드 예시를 살펴보았다. 분리수거를 주제로 하는 메이커 활동의 결과가 어떤 변화를 만드는지 단번에 이해할 수 있는 자료였다(환경부. 2015). 정분리 씨가 현관 또는 베란다에 재활용품을 분리하며 다양한 분리수거 기준 때문에 어려움을 느낀다. 바로 그 순간 분리수거 바구니에서 "여기는 캔을 버리는 곳입니다."라고 음성 안내를 한다. 그리고 다음 장면에서는 분리

수거 용품을 올바른 곳에 투입하면 재활용품들이 어떻게 재활용되는지 알려 주는 안내가 이어진다.

스토리보드는 이처럼 문제가 된 상황과 해결이 된 상황을 연결해 준다. 문제 상황이 무엇이었는지 이해하고 그것이 해결된 모습이 어떤지 전체 스토리를 미리 살필 수 있다. 이를 위해 어떤 해결책이 필요하며 어떤 기술적 제작이 요구되는지를 내용에 담을 수 있고, 결국 무엇을 만들어야 하는지 초점을 더욱 명확하게 잡을 수 있다.

스토리보드는 그림과 텍스트로 아이디어를 시각화하는 활동이다. 시나리오를 기반으로 스케치나 사진 같은 이미지를 활용해 최종 서비스 아이디어를 시각적으로 표현하여 전달한다. 최종 서비스 아이디어의 흐름에 따른 구체적인 상황, 서비스 경험의 전후 비교 또는 강점과 약점 등을 고려하며 진행한다. 포스트잇을 활용해 각 장면을 분리할 수 있는 카드 형태로 만들면, 이야기의 앞뒤 순서를 쉽게 바꾸고 수정하며 진행할 수도 있다. 프로토타입 그 자체를 스토리보드로 작업할 때 페르소나를 활용하면 효과적이다.

대원들은 스토리보드를 보면서 지금 당장이라도 내용 속의 분리수거함을 만들어서 교실에 적용할 수 있겠다는 자신감을 얻었다. 스토리보드는 메이커 활동의 실행력을 높이고 결과물의 시행착오를 줄이는 효과적인 설계 단계다. 또한 스토리보드는 그 자체가 메이커 활동의 프로토타입 작품 성격을 가지고 있다. 메이커 활동의 프로토타입 형식과 형태는 어떤 틀에 매이지 않고 얼마든지 다양하게 만들 수 있다.

메이커가 되기 위한
마음가짐

프로토타입에 대한 학습을 마무리하면서 이제 대원들은 디자인씽킹과 메이커 활동 전반에 대한 학습을 수료하였다. SDGs을 먼저 배웠고, 지속가능발전목표를 이루기 위해 현재의 문제를 해결하기 위한 디자인씽킹의 문제 해결 과정을 배웠다. 디자인씽킹의 마지막 단계인 프로토타입 제작을 이해하기 위해 메이커 활동의 전반을 학습했다.

마티나는 화면에 메이커 활동의 프로토타입 제작 단계를 포함하여 디자인씽킹의 전체 프로세스를 보여 주었다. 대원들 눈에는 전혀 낯설지 않았다. 지금까지 배운 각각의 내용이 퍼즐을 맞추듯 일목요연하게 정리되는 느낌이었다.

문제 공감 단계에서는 데스크리서치, 섀도잉, 관찰 모니터링, 심층 인터뷰 등 체크박스가 나열되었다. 문제 정의 단계에서는 페르소나, 이해관계 맵, 여정 맵, 그리고 5WHY 기법도 정리되었다. 아이디어 도출 단계에서는 마인드맵, 브레인스토밍, 브레인라이팅, 스캠퍼, 여섯 가지 색깔 모자, 그리고 HMW와 만드라트가 선택 사항으로 배열되었다. 프로토타입 단계에서는 메이커 활동의 프로토타입 전체 체크리스트를 모두 담지 않고 프로토타입 도구와 형식 부분의 기본 항목을 선택 사항으로 넣었다. 테스트 및 개선 부분에서는 선택 사항을 넣지 않았다. 프로토타입을 미리 만들어 시행해 봄으로써 그 자체가 다양한 피드백을 만들어내기 때문이다. 각 단계의 항목마다 체크박스를 넣음으로써 단계별로 주제에 맞게 얼마든지 선택하여 사용할 수 있다는 점을 강조했다. 중복해서 체크할 수도 있고, 또는 더 다양한 체크박스 항목을 만들어 추가할 수도 있다. 모든 과정이 완전히 끝난 것은 아니지만 전체 프로세스를 정리한 마당에 대원들의 소감을 들어보았다.

"정말 많은 것을 다루었다는 생각이 듭니다. 우리가 이걸 정말 다 배웠구나."

"꼭 지구의 환경 문제를 해결하기 위해서가 아니더라도 제 일상의 작은 문제, 선택의 상황 등 다양하게 적용이 가능한 인생 문제 해결법을 배운 것 같아요."

"한 가지 방법을 정답처럼 받아들이지 않고, 이렇게 체크리스트 형식으로 배열하니 전체를 통제하고 주도하는 느낌도 들어요."

"앞으로 살아가면서 새롭게 개발되는 수많은 해결의 방법들을 이 프로세스의 어딘가에 적절히 추가할 수 있을 것 같아요. 다시 말해 변화를 담아내는 플랫폼을 가지게 된 것이죠."

"과거 디자인 개념은 사물 디자인, 제품 디자인 등이었지만 이제부터는 디자인이라는 용어에 대해서 아예 다른 느낌을 갖게 될 것 같아요. 사고를 디자인하고, 관점을 디자인하며, 공간과 삶을 디자인하며, 의미를 디자인하고, 인생을 디자인하며, 미래를 디자인하는 것 등 용어 자체에 대한 개념을 다르게 인식한다는 것이 어떤 큰 인식의 변화를 만들어내는지를 배웠어요."

디자인씽킹을 통한 창조적 문제 해결의 과정은 메이커 활동으로 완성된다. 사실 대원들은 실습을 포함한 학습을 했을 뿐 실제 현장을 경험한 것은 아니다. 그럼에도 대원들은 열정을 다해 학습하고 실습하면서 눈에 띄게 성장했다. 단순히 토론 능력이나 발표 능력을 넘어 내면의 태도와 정신적 성장을 했다.

세상의 변화를 만들어내는 메이커는 어떤 마음가짐을 가져야 할까? 대원들의 생각을 들어보았다.

"부담되더라도 무엇인가 시도하려는 태도를 갖추어야 합니다."

"새로운 것을 찾아 나서야 합니다."

"그러기 위해서는 섬세하게 바라보고 문제를 찾는 눈이 필요합니다."

"구경하지 않고 적극적으로 나서는 마음도 있어야죠."

"때로는 위험을 감수할 필요도 있습니다. 사실 내 문제가 아니라 타인과 세상의 문제를 끌어안고 고민하는 그 자체가 위험을 감내하는 거죠."

"사람들이 걱정하고 반대하지만 용기 있게 시도할 힘도 있어야 합니다. 사회적, 환경적, 경제적 문제를 해결하는 과정에서 이해관계가 얽힌 사람들은 변화를 반대할 것입니다. 이를 뚫고 나가는 내공도 있어야 합니다."

"한 번의 실수와 실패를 넘어서는 정도를 넘어, 때로는 반복적인 역경이 있을 수도 있습니다. 이를 이겨내고 끝까지 가는 것이 위대함입니다."

"끝까지 해내는 힘은 역시 책임감이죠."

마티나는 대원들이 발표한 내용을 단어로 바꾸어 보았다. 모험정신, 탐험정신, 진취성, 위험감수, 도전정신, 개척정신, 주인의식, 창의성, 혁신성, 극복정신, 역경극복, 책임감 등이다.

그리고 마티나는 메이커 활동에 꼭 필요한 정신, 즉 메이커 정신을 덧붙였다. DIA^{Do It As..}는 시키는 대로 하는 것이다. DIY^{Do it yourself}는 스스로 만들어내는 것이다. 그런데 메이커 정신은 DIT^{Do it together}이다. 함께 만드는 것이다. 과정에서 결과까지 지식과 경험 모두를 공유한다.

메이커 문화^{Maker Culture}는 정보를 공유할 수 있는 인터넷 문화와 DIY 문화를 토대로 기반을 다져왔으며 2005년 《메이크》의 창간과 2006년 제1회 '메이커 페어^{Maker fair}'가 캘리포니아 산 마테오에서 개최되면서 메이커 '운동'으로서 본격화되었다.

특히 메이커들은 스스로 필요한 것을 만들고, 서로 만드는 법을 공유하는 것을 즐거워한다. 이 과정에서 DIY가 DIT로 발전되었다. 이들은 오픈소스를 통해 경험, 기술, 정보 등 전 과정을 공유하고 협업한다.

대원들은 우주의 문제를 해결하는 탐사를 떠나기 전, 지구의 SDGs를 학습하고, 문제를 해결하기 위한 디자인씽킹과 프로토타입 제작을 위한 메이커 활동을 배웠다. 학습한 내용을 기초로 이제 원더호와 함께 우주탐사를 하게 되고, 각 행성의 문제를 지구의 문제 해결 지식을 토대로 분석하고 해결책을 함께 찾아볼 것이다.

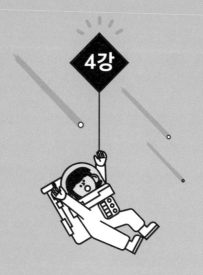

문제 해결 실전 스쿨

어떤 문제든
창의적으로 해결한다

문제를 발견하고 해결하기까지 필요한 디자인씽킹과 메이커 교육을 받은 후 대원들은 본격적으로 우주 탐사를 시작했다. 그렇다고 실제 우주를 탐사하는 것은 아니다. 우주 탐사 시뮬레이션 스튜디오 활동이다. 할리우드 최첨단 영화제작 스튜디오 기법으로 만들어진 공간에서 진행된다. 대원들은 실제와 같은 몰입감을 느끼며 우주가 겪고 있는 문제를 해결하게 될 것이다.

학생들의 재미와 흥미유발을 위한 스토리텔링으로 6개의 행성을 탐사한다. 첫 번째 행선지 플라플라 행성은 '토지' 행성이다. 두 번째 행선지 블루오션 행성은 '바다' 행성이다. 지스 행성은 '질병' 행성이고 줄 행성은 '에너지' 행성이다. 이글이글 행성은 '물' 행성이며 타브타브 행성은 '기아' 행성이다. 토지 문제, 해양 문제, 질병 문제, 에너지 문제, 물 부족과 기아 문제까지 지구의 SDGs 주제를 다시 한 번 들여다본다. 대원들은 훈련을 통해 배운 SDGs와 디자인씽킹, 메이커 교육으로 각 행성의 문제를 해결해 나갈 것이다.

플라플라 행성의
쓰레기 문제

훈련을 마친 대원들은 직접 문제를 해결해 보기 위해 먼 길을 떠났다. 먼저 도착한 곳은 플라플라 행성이다.

"와! 저기 봐. 플라플라 행성이야. 지구하고 꽤 가까운데?"

"거리도 가깝지만 행성인들이 지구인에게 매우 호의적이라고 들었어."

"어… 그런데 플라플라 행성은 푸른빛이라고 들었는데…."

우주선 밖을 보니 플라플라 행성의 하늘이 안개가 낀 듯 뿌옇다. 정찰 드론을 띄우자 드론이 촬영한 내용이 모니터에 떴다. 대원들은 화들짝 놀랐다. 플라플라 행성의 대기가 온갖 먼지와 매연으로 가득했다.

"세상에… 플라플라 행성에 도대체 무슨 일이 일어난 거지?"

마티나는 업데이트된 정보를 바탕으로 플라플라 행성에서 일어난 일을 설명했다.

"이 행성은 과거 지구만큼이나 아름다운 행성이었습니다. 그런데 이곳의 값싼 노동력 때문에 지구에서 건너온 많은 제조회사가 플라스틱 제조 기술을 사용해서 제품을 만들어내기 시작했습니다. 기존에 수공예로 만들던 방식보다 훨씬 빠르고 값이 싸며 편리해서 플라스틱 신드롬이라고 불릴 만큼 엄청났죠. 이 행성의 주민들은 플라스틱 제품을 무분별하게 소비하는 한편, 효과적인 처리 방법을 찾지 못해 모두 매립하거나 소각하고 있습니다. 그 결과, 대기 오염이 심각한 수준에 이르게 된 것입니다."

"이건 과거 지구에서도 일어났던 문제와 똑같은걸. 마티나! 디자인씽킹 단계 체크리스트를 화면에 띄워줘."

문제 공감→문제 정의→아이디어 도출→프로토타입→테스트 단계로 지금까지 훈련한 모든 선택사항이 한눈에 보였다. 대원들은 일단 플라플라 행성의 문제를 발견하고 공감하는 것이 가장 우선임을 확신했다. 문제 공감의 체크리스트 선택 사항 중 대원들은 데스크 리서치, 관찰 모니터링, 심층 인터뷰에 체크했다. 각자의 역할도 구분했다.

"조사해 보니, 이 행성에서는 분리수거 자체가 거의 되지 않고 있어. 왜 그런 걸까?"

"일단, 나는 현지인들을 만나 인터뷰해 볼게."

우주선에서 데이터를 분석하는 팀과 행성 현장으로 들어가 현지인을 인터뷰하는 팀을 구분했다. 드론 촬영과 현장 관찰도 병행하기로 했다. 그런데 막상 현장에 나갔을 때 예상하지 못한 문제가 발생했다.

"야, 너희들! 너희 지구로 돌아가!"

"뭐… 뭐야 지구인들에게 호의적이라더니 왜 우리에게 적대적이지?"

"흥! 호의적? 그건 옛날 말이지. 너희들이 우리 행성으로 건너오면서 이 문제가 시작되었다고. 하늘을 봐! 저 미세먼지들이 누구 때문인 줄 알아? 이 도시에서는 공기정화기 없이는 하루도 버티지 못한다고!"

대원들은 과거 영국에서 있었던 1952년 런던 스모그 사건이 떠올랐다. 급속하게 증가한 스모그와 미세먼지로 수많은 사람이 죽어갔다. 대원들은 미세먼지가 얼마나 위험한지 이미 알고 있어서 행성 현지인의 말에 충분히 공감했다. 일단, 심층 인터뷰와 더불어 현장의 실제 쓰레기 문제를 관찰해 보았다. 인터뷰와 관찰한 내용을 토대로 대원들은 What, How, Why의 3가지 단계로 관찰 모니터링 내용을 분석했다. 문제의 실상을 공감하기 위해 대원들은 세 가지 질문에 답변하는 형식으로 문제 상황을 정리해 보았다.

디자인씽킹으로 문제를 발견하다

관찰 모니터링 분석을 위해 "(What) 무엇을 하고 있나요?" 첫 번째 질문에 답변을 입력했다.

"행성 주민들이 플라스틱 쓰레기를 마구 태우는 걸로 보입니다."

"이 행성의 쓰레기 분류 통은 아무 쓸모가 없는 것 같습니다."

"어른 아이 모두 별 고민 없이 그냥 버리고, 또 태우는 일을 반복합니다."

"쓰레기를 구분하지 않고 바로 밖에다 버리고 있습니다."

첫 번째 질문을 통해 쓰레기를 버리는 현실을 이해할 수 있었다. 관

찰 모니터링 분석을 위한 두 번째 질문 "(How) 어떻게 하고 있나요?"에
도 답변을 채웠다.

"쓰레기 분류도 제대로 하지 않고 그냥 태우고 있어요."

"플라스틱은 검은 연기를 내며 타거나 녹아내리고 있고, 불에 타
지 않는 것들도 그냥 막무가내로 태웁니다."

"태우고 남은 재는 그대로 방치하거나 그 상태로 땅에 묻고 있습니다."

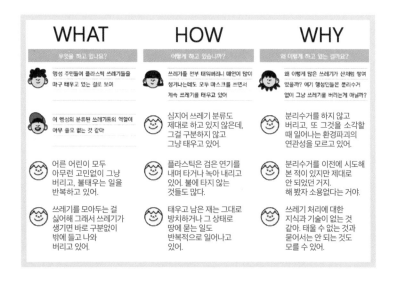

예상보다 사태는 더욱 심각하다. 행성 여기저기서 이러한 일들이 매
일 일어나고 있으니, 행성의 하늘이 뿌옇게 바뀐 것은 당연하다. 관
찰 모니터링 분석 과정에서 마지막 질문이 가장 중요하다. 문제의 원
인을 찾기 위한 질문이기 때문이다. 마티나는 세 번째 질문으로 "(Why)
왜 이렇게 하고 있는 걸까요?"를 제시했다. 대원들의 답변이 이어졌다.

"많은 쓰레기가 산처럼 쌓여있는 것은 행성인들이 분리수거를 하
지 않고 그냥 버리기 때문 아닐까요."

"이렇게 분리수거를 하지 않고 버리고, 또 그것을 소각할 때 일어나는 환경파괴의 연관성을 교육받지 못한 것 같습니다."

"쓰레기 처리에 대한 지식과 기술이 없는 것 같아요. 태울 수 있는 것과 없는 것, 땅에 묻을 수 있는 것과 없는 것에 대해 모르는 것 같아요. 또한 태우거나 매립할 수 없는 플라스틱을 다른 방식으로 활용하는 것도 경험해 보지 못했을 겁니다."

문제를 발견했으니 이제 문제의 본질과 핵심을 찾아내어 문제를 정의하는 단계다. 대원들은 인터뷰와 관찰을 통해 발견한 행성인의 특징을 바탕으로 페르소나를 제작해서 발표했다.

"조금 유치하지만, 이름은 깐따삐아. 플라플라 행성인입니다. 나이는 135세. 남성이고 직업은 쓰레기 소각장 담당자입니다."

"이곳 사람들은 버려지는 쓰레기가 생길 때마다 무조건 땅에 묻거나 소각합니다. 행성인들이 분리수거를 하지 않고 집밖으로 내다 버리는 쓰레기를 모아오면, 그것을 다시 분리수거로 정리해야 하는지 잘 모르고 있습니다. 매립이나 태우기 어려울 때는 행성 밖으로 날려 보내는 기계로 우주에 내다버리는 일도 서슴지 않습니다."

"그래서 깐따삐아 담당자가 바라는 점은 플라스틱으로 생겨난 쓰레기를 매립이나 소각이 아닌 효율적으로 처리하거나 재사용하는 방법을 찾는 것입니다."

이제 문제의 핵심을 찾아야 한다. 5WHY 기법과 아이디어 도출 단계에서 사용하는 HMW, 즉 '어떻게 하면 …할까?'를 사용해서 질문과 답변을 진행했다.

"플라플라 행성 주민들이 모두 분리수거를 귀찮아하면서 실천하지 않고 있습니다."

"어떻게 하면 플라플라 행성인들이 분리수거를 실천할 수 있을까요?"

"쓰레기를 제대로 분리해서 버리는 방법을 모르는 것 같습니다."

"어떻게 하면 분리수거를 실천할 수 있는 방법을 알려줄 수 있을까요?"

"플라플라 행성의 분리수거 기호체계가 지역별로 제각각입니다. 이를 하루 빨리 동일한 기준으로 정리할 필요가 있습니다."

"어떻게 하면 플라플라 행성의 분리수거 기초체계를 통일시켜서 사용하게 할 수 있을까요?"

"청소부들이 재분리하는 수고를 하는데 그걸 다들 안다면 분리수거를 생활화해서 수고를 덜어드릴 수 있을 텐데요."

"어떻게 하면 청소부들의 수고를 행성인들이 깨닫고 서로 배려하게 만들 수 있을까요?"

"분리수거의 기준을 통일시키고, 이를 각 행성의 가정용 분리수거함으로 제작하여 보급하면 될 것 같습니다. 그 외에도 소각장의 변화도 필요합니다."

"어떻게 하면 소각장의 변화와 환경파괴도 막을 수 있을까요?"

문제 핵심 정의 : 가정용 분리수거 시스템 정착과 쓰레기 소각장 개선

쓰레기 문제를 해결하다

질문과 답을 통해 문제의 핵심이 정리되었다. 이 문제를 해결하기 위해 세 가지 실천 사항을 제시했다.

첫째, 행성의 쓰레기 종류에 따른 분리수거의 통일된 기준을 마련한

다. 둘째, 가정마다 사용할 수 있는 분리수거함을 제작한다. 셋째, 쓰레기 종류별로 다른 처리 방안을 세우고 이를 반영한 새로운 소각장을 설계한다. 소각장을 아예 건축해 주면 좋겠지만, 그 부분은 행성인들의 몫이다. 다만 소각장의 기능을 담은 모형을 프로토타입으로 제작해서 도움을 줄 수 있다.

이 중에서 대원들이 가장 신경 쓴 부분은 '쓰레기 소각 가능 품목 구분'과 '소각 방법' 그리고 '플라스틱 쓰레기 처리 방안'이다. 소각장 프로토타입에는 바로 이러한 점을 반영했다. 해결책을 찾는 과정에서 디자인씽킹 훈련은 생각보다 훨씬 큰 도움이 되었다.

플라플라 행성의 대기오염이라는 문제를 보고, 문제의 본질은 다른 데 있다는 것을 찾아냈다. 대기오염의 주범은 쓰레기 소각 문제였다. 다시 쓰레기 소각 현장을 면밀히 관찰하고 분석해 본 결과 단순히 소각의 문제가 아니라 진짜 문제의 핵심은 분리수거를 하지 않는 것이 문제임을 발견했다. 특히 가장 많은 쓰레기를 차지하는 플라스틱을 분리하지 않고 무조건 소각하는 것이 문제였다. 결국 대원들이 찾아낸 해결책으로서 메이커 활동은 뿌연 하늘의 공기를 정화하는 장치를 만드는 것이 아니라 쓰레기 소각장의 분리수거 시스템을 만들어 플라스틱을 제외한 소각 가능한 종류만 태우는 장치다.

대원들은 프로토타입 제작을 위한 체크리스트를 작성한 뒤, 설계와 제작을 진행했다. 사용 도구는 색상별 클레이아트 찰흙과 골판지를 주재료로 선택했다. 넓은 폼보드 위에 집과 골목의 재활용 분리수거함을 색상별로 구분하여 제작하고, 가장 넓은 공간에 소각장 모형을 크게 제작했다. 그런데 이 소각장의 특징은 소각보다는 분리수거에 신경을 쓰고, 그래서 결국 소각하는 분량을 최소화하는 데 목적을 둔 것이다. 또한 소각을 줄이기 위해 함부로 쓰레기를 매립하는 것도 주의하는 시스템을 구상했다. 한마디로 소각장의 가장 큰 역할은 태우거나 매립해서는 안 되는 플라스틱 쓰레기를 구분해 내어 재활용할 수 있도록 하는 것이다. 이를 위해 대원들은 소각장 시스템도 만들지만 교육용 게시판도 제작해야 한다고 의견을 모았다.

소각장 한가운데 커다란 게시판을 모형으로 만들었다. 플라스틱을 태우면 어떤 유해물질들이 대기를 오염시키는지 이미지로 쉽게 표현했다. 이보다 더 강조한 것은 따로 있다. 플라스틱을 그냥 땅에 매립했을 경우 그것이 분해되는 데에 얼마의 기간이 걸리는지를 표현한 것이다.

먹고 버린 사과 씨와 잔해물을 땅에 묻었을 경우에는 2주 정도 지나면 분해가 된다. 담배꽁초는 2년, 금속 캔은 50년, 비닐은 80년, 그런데 플라스틱 페트병은 분해가 되는 데 무려 500년이 걸린다. 심지어 건전지는 200만 년이 걸린다.

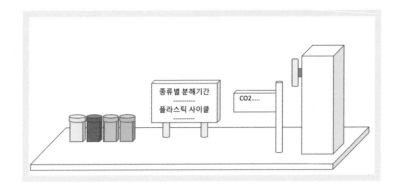

요컨대 소각장에서 더욱 신경 써야 하는 부분은 분해되는 데 시간이 오래 걸리는 플라스틱과 재활용 쓰레기를 분리해내는 것이다. 그래서 일반적으로 사용하는 재활용 쓰레기의 색상별 분리수거함 기준을 적용하여 소각장 내에 분리수거를 더욱 강화하도록 했다. 물론 이 기준은 각 가정과 골목의 분리수거함에도 적용된다. 대원들은 이를 컬러 찰흙으로 제작했다. 소각장 옆에는 별도의 빌딩 하나를 짓도록 제안했다. 골판지로 만든 이 건물 모형 앞에는 플라스틱재활용연구소라고 이름 지었다. 소각하거나 매립할 수 없는 일회용 플라스틱 쓰레기를 원형 그대로 일상에서 다양하게 재활용 가능한 아이디어를 찾거나, 플라스틱의 원형을 녹여 다시 활용하는 방안을 연구하고 시제품을 만들어 기업에 제공하는 역할을 한다. 또한 메이커 박스에 들어 있던 재활용 전자시계를 활용하여 소각장 옆에 높은 위치의 LCD전광판을 만들어 대기 중 유해물질 농도를 종류별로 실시간 알려주는 장치를 제안했다.

블루오션 행성과
해양 자원 보존

첫 번째 행성을 떠나 원더호는 이제 두 번째 행성으로 향한다. 블루오션 행성이다.

"대원 여러분, 저기 보이는 행성이 블루오션 행성입니다." 마티나의 안내방송이 나왔다.

"우와! 정말 바다로만 이루어져 있네. 대단해! 여기 사는 행성인들은 그럼 아가미가 있는 건가. 수중 세계는 어떻게 생겼을까."

"어? 그런데 이상하다. 블루오션 행성에는 섬이 없다고 했는데, 섬들이 보여!"

"아냐 저건 섬이 아니야! 바다 위에 생긴 거대한 쓰레기 더미야."

착륙한 대원들은 블루오션 행성을 탐사했다. 대원들은 행성인을 만나 인터뷰를 했는데 뜻밖의 이야기를 들었다.

"우리의 바다를 오염시킨 이 쓰레기들은 이웃 행성인 플라플라 행성에서 무단 투기한 쓰레기들입니다. 몇 년 전부터 플라플라 행성 쓰레기 처리 업체에서 포화 상태가 된 쓰레기들을 처리하지 못하자, 드론을 이용해서 이렇게 우리 행성에 몰래 투기하고 있답니다. 우리 행성 당국은 알면서도 이를 눈감아주고 있어요."

대원들은 그 이유가 궁금했다. 행성인은 이유를 설명해 주었다.

"우리 행성은 수중 행성이라 공업의 개념이 없어요. 그래서 100% 공산품을 플라플라 행성에서 수입해야 하거든요. 그래서 모두들 쓰레기 때문에 불편을 겪으면서도 쉬쉬하고 있답니다. 그런데 사실 더 큰 문제는 쓰레기가 아니에요. 저희 행성은 메말라가고 있어요."

"네? 물이 말라서 없어진다는 건가요?"

"아니요. 저희의 해양자원이 점점 사라져가고 있어요. 주변 행성에서 일어나는 산업화의 영향을 받아 이곳에서도 개발이 시작되었지만, 우리는 수산자원과 광물자원의 이용에만 열을 올릴 뿐 장기 보존에는 관심이 없어요. 풍족할 것만 같던 수산자원이 이제는 개체 수가 줄어들더니 주변에서 보기 힘들어졌어요."

듣고 있던 대원들은 지구에서 일어났던 동물 멸종의 역사가 떠올랐다.

"지금이라도 지켜내야 합니다. 지구에서도 몇 년 전에 북극곰이라는 생물이 멸종되었어요. 멸종이라는 건 엄청난 비극이라고요."

"하지만 너무 늦지 않았을까요? 이미 우리 행성인들은 개발에 눈이 멀었어요."

"더 늦기 전에 사라져가는 종들을 파악하고 보호하면 됩니다."

디자인씽킹으로 문제를 발견하다

대원들은 인터뷰를 마치고 원더호로 돌아와 디자인씽킹 과정을 시작했다. 문제 공감과 문제 발견을 좀 더 진행해야 한다. 이미 인터뷰를 했지만 심층 인터뷰와 현장 관찰, 모니터링도 해야 한다. 무엇보다도 이번 문제 발견 단계에서는 섀도잉 기법을 활용해 바다 행성인들의 일상을 따라가며 상황을 파악해 보기로 했다. 한편 해양 생물과 광물 그리고 에너지자원 같은 현황을 데스크 리서치와 현장 관찰로 파악하는 작업이 가장 중요하다.

블루오션 행성은 지구와 유사한 면이 많다. 지구 역시 전체 면적의 70% 이상이 물로 덮여 있다. 지구도 바다에 버려지는 쓰레기가 늘어나면서 해양자원 보존에 어려움을 겪고 있다. 대원들은 지구 바다의 정보를 토대로, 이 별에서 이용할 수 있는 해양자원에는 어떤 것이 있고, 우리 생활에 어떻게 이용되는지, 또한 보존 방법은 무엇인지 조사했다.

"블루오션 행성인을 그림자처럼 따라다니며 살펴보니, 해양 광물을 심하게 채취하는 것 같아."

"그뿐 아니라 해양 생물 포획도 심각해."

"해양 에너지자원에 대해서는 아직 지식이 없어서인지 전혀 활용하지 못하고 있어."

"이 행성이 지구와 유사한 면이 많으니, 일단 해양자원에 대해 정보를 정리하고 이를 토대로 도울 방법을 찾아보자."

디자인씽킹의 문제 발견 단계에서 인터뷰, 관찰, 섀도잉 정보를 축적하고, 해양자원에 대한 정보를 데스크 리서치 기법으로 조사하여 자료로 만들어 이를 발표했다.

"일단 해양자원은 해양에서 채취할 수 있는 모든 자원을 뜻합니다. 크게 세 가지로 구분됩니다. 생물자원, 광물자원, 그리고 에너지자원입니다."

"해양 생물 자원은 대부분 식용으로 사용됩니다. 식용 이외에도 공업 원료, 의약품, 공예품 등으로 활용됩니다."

"해양 광물자원은 크게 두 가지로 구분됩니다. 해수 중에 포함된 광물자원과 바다 깊은 곳에서 채취 가능한 광물자원이 있습니다. 이를 심해저 광물자원이라고도 합니다. 해수 중의 광물자원은 소금, 마그네슘, 금, 은, 우라늄 등이 있습니다. 그중 소금을 가장 많이 애용하고 있죠. 해수로부터 얻는 광물로 리튬도 있는데, 이는 전기 자동차나 노트북 등의 배터리 제조에 활용됩니다. 심해저 광물자원으로는 철, 니켈, 구리, 코발트, 카드뮴 등이 있습니다."

"해양 에너지자원은 화석 연료인 석유, 천연가스 등과 조석 간만의 차를 이용한 에너지, 그리고 파도를 이용하여 터빈을 돌려 얻는 에너지 등이 있습니다.”

해양자원의 세 가지 유형에 따라 세부 종류와 이용 방법에 대해 정보를 정리했다. 그다음 단계로 해양자원을 남용하거나 훼손한 사례에 대한 정보를 정리했다.

“해양 생물자원은 무리한 포획으로 개체 수가 급감하고 있습니다. 멸종 어종을 선정했지만 몰래 고래를 잡는 포경선이 존재하는 것처럼 제대로 지켜지지 않는 것도 문제죠. 남용보다 더 큰 문제는 해양오염으로 인해 해양 생물자원이 다치고 죽어간다는 점입니다. 죽어서 바다로 떠밀려온 향유고래의 배 속에 무려 6kg의 플라스틱이 들어 있었다는 뉴스도 있습니다. 구체적으로 말하면 죽은 고래의 위에서 플라스틱 컵 115개, 플라스틱 병 4개, 비닐봉지 25개, 샌들 2개 그리고 실뭉치는 무려 3.26kg이나 들어 있었습니다. 더 무서운 것은 먹이사슬에 의해 물고기 속에 들어간 미세 플라스틱이 우리 식탁에 올라올 수도 있다는 사실입니다.”

“해양 광물과 해양 에너지를 얻는 과정에서 어떤 채취기구나 시설물로 인해 해양오염이 있을 수 있습니다.”

“중요한 것은 해양 쓰레기 투기를 줄이는 운동을 하고, 해양 쓰레기를 함께 수거하는 노력입니다.”

“더 중요한 것은 예방입니다. 해양자원을 보존하는 방법 말이죠. 이미 해양 생물자원을 지키기 위한 수많은 국제 규약이 있습니다. 중요한 것은 그러한 약속을 지키는 실천의 문제입니다. 해양 생물자원, 광물자원, 에너지자원을 보존하는 가장 최근의 방법으로 육지 자원을 보호하기 위해 시행하는 방법과 유사한 해양보존구역 설정이 필요합니다. 어업, 광물 채취, 폐기물 투기 등을 일절 금지하는 보존구역을 설정하는 것이죠. 육지의 그린벨트, 상수원보호구역 등을 정해서 사람이 들어가거나 다른 용도로 사용하는 것을 막는 것과 유사합니다."

"이런 방법은 어떨까요. 인포그래픽을 이용하는 겁니다. 대기오염의 경각심을 키우고 건강을 지키기 위해 대기 중 오염물질 농도를 실시간으로 보여 주고 미세먼지와 스모그 농도 역시 정보를 파악해야 합니다. 이러한 인포그래픽 방법을 해양자원에도 적용하는 겁니다. 해양 생물자원의 개체 수 현황, 중요 광물의 남은 보존 양, 멸종 위기의 해양 생물의 남은 개체 수 등을 실시간으로 정보를 공유하는 겁니다."

"다른 아이디어도 있습니다. 지표면의 상세지도가 있고, 지하철 노선도가 있듯이 땅 속 지층 지도를 만들려는 움직임이 활발하게 일어나고 있습니다. 이는 전 세계적인 지진 충격과 잦은 씽크홀 문제 때문에 나온 의견이죠. 지표 아래 지하의 지도를 만들어 다양한 재난에 대비하자는 겁니다. 여기서 아이디어를 얻어 해양 생물자원과 광물자원 지도를 만들어 보존 양, 보존 지역, 보존 방법 등을 한눈에 알 수 있도록 공개하는 겁니다." 대화를 통해 대원들은 문제의 핵심을 정의했다.

문제 핵심 정의 : 해양오염방지 및 해양자원의 보존

해양오염을 해결하기 위한 '오염 단계 스토리보드'

문제를 해결하기 위해 대원들은 두 가지 프로토타입을 제작하기로 했다. 해양오염의 단계를 쉽게 이해할 수 있는 '오염 단계 스토리보드'를 제작하고, 멸종 위기 해양 어종과 소진될 위기의 해양 광물을 파악하고 주요 서식지와 채굴 지역을 표시하여 '해양보존지역 추천 지도'를 제작하는 것이다. 오염 단계 스토리보드는 6장의 장면으로 구성된다.

해양 쓰레기 장면, 해양 쓰레기와 해양 생물이 함께 있는 장면, 해양 생물을 쌍끌이 어업으로 포획하는 장면, 그리고 해양 광물을 채굴하는 장면이며, 해양 에너지를 얻기 위해 바다를 메워 시설을 짓고 시추선을 짓는 장면도 이어진다. 마지막 장면은 비워 두었다. 이러한 순환의 고리를 끊을 수 있도록 우리가 지금 실천해야 한다는 메시지를 전하기 위해 빈칸을 남겨두었다. 스토리보드에는 단계별로 남용과 훼손을 막기 위한 방안을 포함했다.

두 번째 프로토타입은 해양보존지역 추천 지도 제작이다. 지도의 바닥 도구는 파란 색상의 우드락을 사용했고, 핀과 압정 그리고 실 등을 사용하여 보존 지역의 테두리를 표현했다. 먼저 샘플로 지구해양 보존지도를 만들어 보고, 이를 토대로 행성의 해양보존지도를 제작하였다.

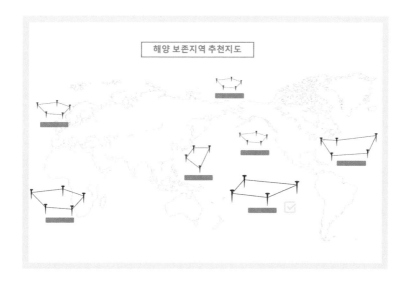

우선 지도의 한쪽에는 멸종위기 어종, 희귀 어종의 종류와 서식지를 정리하고, 과도한 채취로 사라져가는 해양 광물 주요 채취 지역을 정리했다. 이를 토대로 핀과 실을 이용하여 주요 보존 지역을 제안한 것이다. 물론 샘플이지만, 이와 같은 시도가 주는 메시지는 강렬하다. 이를 토대로 블루오션 행성은 더는 무분별한 해양자원 채취의 속도를 줄이고 지속 가능한 발전에 대한 고민을 시작할 수 있을 것이다.

지스 행성과
질병 문제

원더호의 세 번째 도착지는 지스 행성이다. 행성인의 수가 꽤 많은지 어디를 가나 북적북적한다. 그런데 어디에서나 아파서 누워 있는 행성인의 모습이 눈에 많이 띈다.

많지 않은 병원에는 번호표를 뽑아 길게 줄이 늘어서 있다. 행성을 조사하다가 한 행성인이 다급하게 대원들에게 다가왔다.

"저기요! 좀 도와주세요."

"무슨 일이세요?"

"아이가 아픈데 치료받을 곳이 없어요. 아이를 살려주세요. 제발…."

대원들은 부탁을 뿌리칠 수 없어 주변의 병원까지 아이와 엄마를 데리고 갔다. 응급실로 바로 들어가면서 큰 소리로 의료진을 불렀다.

"응급 환자예요! 아이가 위독해 보여요. 도와주세요!"

"네. 여기 번호표 받아가세요." 아니 이게 무슨 말인가. 응급 환자를 데리고 왔는데, 번호표를 받아가라고 한다. 귀를 의심하지 않을 수 없었다.

"번호표라뇨? 아이가 위독하다니까요! 연약한 어린아이라 큰일날 수도 있어요!"

"네 알아요. 하지만 여기 있는 다른 분들도 다 위독하세요. 이분들을 제치고 치료해 드릴 수는 없습니다." 주변을 둘러보니 응급실에 번호표를 받아들고 줄을 선 사람들이 가득하다. 줄을 선 한 행성인이 짜증 섞인 목소리로 핀잔을 주었다.

"여기 안 아픈 사람이 어디 있어! 내가 몇 시간째 기다린 줄 알아요? 줄을 서세요!"

아이 엄마는 예상했다는 표정으로 안타깝게 대원들을 바라보았다. 어쩔 수 없이 대원들은 아이와 엄마를 데리고 원더호로 복귀했다. 마티나의 도움으로 첨단 의료 스캐너에 아이를 눕히고 진단했다. 심각한 병은 아니었지만 그대로 놔두었다면 위험한 상황이었다. 기술 처방과 치료로 아이의 상태가 눈에 띄게 좋아졌다.

디자인씽킹으로 문제를 발견하다

행성인 엄마와 아이를 돌려보낸 뒤, 대원들은 지스 행성의 문제를 분석해 보았다. 원더호의 의료 스캐너로 행성 전체의 환자를 치료할 수는 없다. 문제를 찾고, 그 문제를 해결하기 위한 디자인씽킹을 진행했다.

"관찰한 결과 인구수에 비해 병원이 부족해."

"아픈 아이와 엄마를 따라가며 섀도잉을 하면서 느낀 점은, 전체적으로 의료 혜택 수준이 높지 않고 의료 혜택에 대한 기대감이 많이 낮은 상태야. 시간이 지나도 변화가 없으니 포기한 거지. 이는 소득 수준과도 관련이 있는 것 같아. 줄을 서서 기다리는 행렬이 있지만, 다른 통로에서는 줄을 서지 않고 들어가는 환자들이 있었어. 마치 공항에서 비행기를 탈 때 줄을 서지 않고 먼저 타서, 넓은 의자에 앉는 사람들이 있는 것처럼 말이야. 그 자체가 나쁘다고는 할 수 없지만, 이 상황과 비슷하다는 이야기지."

"데스크 리서치를 통해 내가 조사한 바에 따르면, 지구에서 2000년대부터 진행되었던 새천년개발목표MDGs 당시와 지금 이 행성의 상황이 비슷한 것 같아. 당시 지구상의 빈곤과 불평등을 해소하기 위해 전 세계가 8개의 목표를 세웠는데 그중 세 가지가 산모 건강, 아동 사망률 감소, 그리고 질병 퇴치였어. 아프리카를 포함한 저개발국가, 개발도상국가의 의료 기술 수준과 의료 혜택 수준이 낮아서 어린아이들이 치료를 못 받고 죽는 경우가 많아지고, 산모 사망도 늘어났지. 또한 말라리아와 에이즈 같은 병이 늘어났어. 이러한 문제를 해결하는 게 지구의 새천년개발목표였어."

대원들은 문제를 충분히 공감했다. 문제 정의 단계에서는 5WHY 기법과 아이디어 도출 단계의 HMW 기법을 함께 이용하여 지스 행성의 질병 문제를 정리해 보았다.

"왜 지스 행성에는 아픈 사람이 이렇게 많을까요?"

"제때 치료를 받지 못해 병이 커지고 그런 사람들이 점차 늘어난 결과입니다."

"왜 지스 행성인들은 제때 치료를 받지 못할까요?"

"인구수 대비 병원이 부족하기 때문입니다."

"왜 인구수 대비 병원이 부족할까요?"

"소득 수준이 낮은 행성이라 의료 시설을 지을 여력이 없습니다."

"어떻게 하면, 의료 시설이 없는 상황에서 작은 병을 키우지 않고 치료받게 할 수 있을까요?"

"일반적인 작은 병에 대해서는 진단할 수만 있다면 상비약을 사용할 수 있습니다."

"어떻게 하면, 병원과 전문가 또는 고가의 진단 장비 없이 병을 진단할 수 있을까요?"

원래는 다섯 가지 질문을 통해 핵심을 찾아가는 것인데 대원들이 이후 더 많은 질문을 추가로 꺼냈다. 그만큼 쉽지 않은 문제였다. 국가적인 지원으로 병원을 더 지으면 쉽게 해결될 것 같지만 현실은 그렇지 못하다.

일단 대원들은 질문과 답변을 지속한 끝에, 두 가지 문제 핵심을 정의했다. 자가진단과 질병예방이다.

고가의 진단 장비가 아니더라도 일상적인 작은 병의 경우 증상의 패턴을 정의하여 자가진단을 하는 방법이다. 그런데 이 방법은 위험할 수 있다는 반론이 많았다. 비전문가의 증상 오해로 혹시 실수할 수도 있다는 것이다. 차라리 병원에서 줄을 서서 기다리는 것이 나을 수 있다는 반론도 있었다. 치료가 쉽지 않다면 질병 예방에 더 힘을 쏟아야 한다는 것이다.

브레인스토밍으로 문제를 해결하다

일단 두 번째 '질병 예방' 측면에서 대원들은 아이디어 도출 단계에서 의견을 펼쳐보았다. 질병 예방을 위해 할 수 있는 아이디어를 꺼내기 위해 브레인스토밍을 진행했다.

"철저한 개인위생. 특히 자주 손 씻기."

"음식은 꼭 익혀서 먹고, 먹다 남은 음식에 대한 관리를 철저히 하기."

"주변에 질병을 앓고 있는 사람이 있다면 서로 배려하여 접촉을 피하기."

"음식물을 함께 먹거나 돌아가며 먹지 않기."

"일상생활 공간을 청결하게 관리하기."

이 정도만으로는 구체성이 약하다는 생각이 들어 대원들은 처음 아이디어를 종이에 목록별로 적고, 돌아가면서 각 아이디어에 대한 추가 아이디어를 적어가며 종이를 계속 순환시키는 브레인라이팅을 진행했다. 처음 아이디어에 대해 각기 다른 대원들이 추가 아이디어를 구체적으로 생산했다.

"철저한 개인 위생을 위해 개인 컵을 사용하는 문화 만들기."

"음식물 관리를 위해, 음식물 포장 용기를 구분해서 사용하기."

"질병을 앓는 사람과 접촉을 피하기 위해 마스크 사용하기."

"음식물을 한 그릇에 담아 여럿이 함께 먹는 습관을 바꾸기 위해서 개별 식기 사용하기."

이런 방식으로 이미 나온 질문에 대해 다른 사람이 추가 아이디어를 내면서 아이디어를 확장했다. 질병을 예방하기 위해 아이디어를 충분히 냈는데, 질병 진단과 관련한 아이디어 도출은 매우 어려웠다. 바로 그때 대원 한 명이 조심스럽게 의견을 꺼냈다.

"적정기술은 어떨까?"

"그래 적정기술. 그거다!" 바로 긍정적인 반응이 나왔다.

적정기술(appropriate technology, AT)은 한 공동체의 문화·정치·환경적인 면들을 고려하여 만들어진 기술을 말한다. 적정기술이라는 단어는 개발도상국들, 아니면 이미 산업화된 국가에서 소외된 교외 지역에 알맞은, 단순한 기술을 의미한다. 보통 자본집약적 기술이라기보다는 대부분 노동집약적 기술이다. 실제 적정기술은 특정한 지역에서 효율적으로 원하는 결과를 얻을 수 있게 하는 가장 단순한 수준의 기술을 말한다. 아프리카나 아시아의 저개발국에 적용된 적정기술은 물 부족, 질병, 빈곤, 문맹 등의 문제 해결을 위해 기여하고 새로운 일자리를 만들어 제공하기도 하는 것이다.

"아프리카 저개발국가를 위해 폴드스코프foldscope라는 종이 현미경이 제작된 적이 있어. 이 현미경은 종이접기 하듯 도면을 따라 접어 만들면 되는 거야. 당시 돈으로 1달러로 제작하면서도 최대 2천 배까지 샘플을 확대해서 볼 수 있었어. 그야말로 전 세계를 깜짝 놀라게 만든 적정기술이었지. 현미경 살 돈이 없는 지역과 사람들, 교육 현장에 변화를 만들어 준 사건이었어."

대원들은 폴드스코프라는 단서에서 아이디어를 얻어, 자료 조사에 들어갔다. 적정기술에 대한 다양한 사례를 분석하고 지스 행성의 질병 문제에 대한 실마리를 찾기 위해 노력했다.

"자료를 조사해 보니, 폴드스코프로 끝나지 않았어. 개발자의 진짜 꿈은 저개발국가를 위해 말라리아균을 확인할 수 있는 기술 장비를 만들고 싶었던 거야. 그것도 아주 적은 비용으로 지역 주민들이 만들거나 구입할 수 있는 장비를 구상한 거지. 바로 여기서 위대한 메이커 결과물이 탄생했어."

바로 페이퍼퓨지paperfuge라는 의료용 원심분리기다. 장난감 실팽이를 꼭 닮았다. 가운데 있는 원반 모양의 종이엔 혈액을 담은 작은 튜브가 들어 있다. 가운데 구멍으로 끈을 관통시키고, 양쪽엔 나무 손잡이를 달았다. 나무 손잡이를 잡고 끈을 늦췄다 당기는 걸 반복하면 가운데 종이 원반이 회전하며 혈액에서 세균을 분리해 낸다. 회전 속도는 최대 분당 12만 5천 회(125,000rpm)다. 병원에서 쓰는 상업용 원심

분리기보다 빠르다. 페이퍼퓨지를 이용해 15분 만에 혈액에서 말라리아 기생충을 분리해 냈다. 페이퍼퓨지 역시 폴드스코프처럼 아프리카 대륙에 도움을 줄 목적으로 고안됐다. 페이퍼퓨지 무게는 2g에 전원 공급도 필요 없다. 작고 가벼워 운반도 편리하고 비용도 훨씬 적게 든다. 망가질 염려도 없다. 다시 만들면 되니까. 종이로 만든 만큼, 환경오염도 적고 재활용하기도 쉽다. 가격은 단돈 20센트다. 이것으로 말라리아나 HIV균을 손쉽게 분리해 낼 수 있다.

대원들은 유레카를 외쳤다. 의료용 원심분리기 프로토타입을 만들기로 결정했다. 먼저 어릴 적 가지고 놀던 실팽이를 만들어 보았다. 재료로 단추 모양의 원형 팽이판, 나무 손잡이 2개, 그리고 끈을 준비했다. 간단한 설계도를 그린 후 실제로 만들어 보았다. 그런 다음 혈액 원심분리기 설계도를 그렸다. 혈액을 담을 수 있는 작은 튜브 재료를 찾았다. 대원들은 원심분리기의 설계 그림과 직접 만든 시제품 프로토타입을 주민과 병원에 각각 제공해 주었다. 지구의 적정기술 경험이 행성의 질병 예방과 치료, 의료 환경 개선에 작은 도움이 되기를 희망하면서 네 번째 행성으로 이동했다.

유진

음... 내가 지구의 아프리카로 자원봉사를 나갔을 때,
적정기술이라는 것을 이용해 치료를 도운 적이 있었거든.
그걸 이용해 보면 어떨까?

조지

그거 좋은 생각이야. 적정기술을 이용하는 아이디어를 생각해보자.

젤리

저기, 적정기술이라는 게 뭐지?

마티나

적정기술(Appropriate Technology)은
주로 개발 도상국 지역의 문화적, 정치적, 환경적인 면들을 고려하여,
삶의 질 향상과 빈곤 퇴치 등을 위해 적용되는 기술로, 첨단 기술과
하위 기술의 중간 정도 기술이라 해서 중간기술이나, 대안기술, 국경 없는
과학기술 등으로 일컬어집니다.

아프리카나 아시아의 저개발국에 적용된 적정기술은 물 부족, 질병, 빈곤,
문맹 등의 문제 해결에 기여하고 새로운 일자리를 제공합니다.
선진국에서도 적정기술은 소외 계층이 직면한 사회적 문제 해결에 유용한
기술 개발 방향성을 제시하기도 합니다.

[네이버 지식백과] 적정기술 [창의융합 프로젝트 아이디어북, 2015. 6. 10, 한빛미디어㈜(주)]

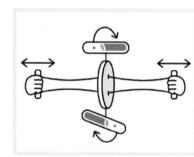

휴버트

그럼 피를 뽑아서 피와 오염 성분을 분리할 수 있겠구나?!
그러면 비싼 장비도 대신할 수 있겠는데?

조지

멋지다! 이런 간단한 도구는 여기서도 얼마든지 제작할 수 있겠어!
마티나, 프로토타입 제작할 수 있는 자료 좀 부탁해.

줄 행성과
대체에너지

　세 번째 행성인 지스 행성이 다소 가난한 행성이었다면 네 번째 행성인 줄은 상대적으로 부유하다. 이곳은 날씨가 춥다. 그래서 보온과 난방이 중요하다. 이를 위해서는 연료가 필요한데 그 연료가 되는 광물질을 얻기 위해 행성인들이 길게 줄을 서고 있다.

　"이상하다. 줄 행성은 에너지가 풍부한 곳이라고 들었는데…."

　"행성 뉴스를 보니 광물의 가격이 엄청 올랐대. 주요 광물 생산지 몇 군데가 이미 고갈되었나 봐. 행성 정부에서는 대체에너지를 찾기 시작했다는데 너무 늦은 건 아닐까."

"부유한 행성이라고 하지만 실제로는 부유한 사람들만 에너지원을 풍족히 쓰고 나머지 다수의 사람들은 에너지원이 부족한 게 현실이야. 어떻게 하면 빈부 격차 없이 에너지를 골고루 사용할 수 있을까."

디자인씽킹으로 문제를 발견하다

대원들은 본격적으로 줄 행성의 문제 상황을 파악하기 위해 조사를 시작했다. 먼저 광물 채취 현장과 분배 장소, 그리고 광물을 에너지원으로 가공하는 공장 등을 찾아가 관찰하고 인터뷰를 진행했다. 원더호로 돌아온 뒤에는 줄 행성에서 주로 사용하는 에너지원 광물 성분 분석 자료를 찾아보았는데 광물자원이 고갈되는 것보다 더 심각한 문제를 발견했다. 광물을 에너지원으로 가공하는 과정에서 생명체에게 해로운 물질이 검출되었다. 문제를 공감한 후, 문제 해결을 위해 가장 핵심이 되는 문제를 정의했다.

문제 핵심 정의 : 대체에너지 개발

브레인스토밍으로 문제를 해결하다

"줄 행성을 비추는 태양과 비슷한 행성이 2개 있어. 일조량이 지구보다 훨씬 많아."

"위성 3개가 주변을 돌고 있어. 조수 간만의 차가 큰 편이야."

"바람도 세게 부는 편이야. 바람 때문에 파도 또한 센 편이지."

"태양광 에너지 발전은 어떨까? 태양은 모두에게 공평하고 무한한 자원이잖아."

"하지만 태양광 발전은 효율이 낮아. 공간 문제도 있고."

대체 에너지원 개발을 위한 아이디어를 도출하기 위해 대원들은 만다라트 기법을 사용하였다. 1가지 주제를 중심에 넣고, 8개의 방법을 찾은 뒤 이를 다시 64개의 아이디어로 도출하였다. 일단 줄 행성의 특징을 기초로 8개의 조건을 입력하였다. 2개 태양, 3개 위성, 높은 일조량, 항상 부는 바람, 강한 바람, 강한 파도, 조수간만의 차, 밤보다 낮이 길다는 특징이다. 대원들은 8개의 조건 각각에 대해 다양한 아이디어 발상을 시도했다.

"2개의 태양을 활용하는 아이디어로는 태양가열장치가 어떨까. 이것은 태양열 가열기를 통해 물을 가열하여 온수를 만드는 장치야. 온수뿐 아니라 난방에 활용할 수도 있을 것 같아."

"태양열을 이용하여 물을 끓일 수 있다면 이 증기를 이용해 전기를 생산하는 것도 가능하지 않을까."

"태양에너지를 전기에너지로 바꾸는 태양전지 제작도 가능해. 태양에너지가 실리콘 셀에 부딪히면 셀 내부에서 전자가 방출되어 전류가 만들어져.”

“태양전지 기술은 초기 시설 비용이 많이 든다고 나와 있어. 이 행성이 하기에는 무리가 있을 거야.”

태양가열장치	온수발생가능	온수난방연결						
증기전기생산	2개태양	태양전지제작		3개위성			높은일조량	
지속가능자원	초기시설비용	셀전자방출		↑		↗		
			2개태양	3개위성	높은일조량			
	항상부는바람	←	항상부는바람	줄행성	밤보다낮이김	→	밤보다낮이김	
			강한바람	강한파도	조수간만의차			
풍력발전생산	대형프로펠러	운동회전발생		↓		밀물썰물차이	해면높이차이	위치에너지
일정바람필요	강한바람	행성바람특성		강한파도		조력발전가능	조수간만의차	수중터빈사용
CO2절감효과	경제효율	그린에너지				물의낙차	부품부식우려	파도마찰발생

강한 바람에 대한 아이디어로는 당연히 풍력 발전 관련 의견이었다. 대형 프로펠러를 설치하고, 바람의 운동에너지가 프로펠러의 회전력을 만들고 그 힘으로 발전기를 가동하는 방식이다. 풍력 발전의 단점

은 바람이 일정하게 불지 않는다는 점이다. 줄 행성은 바람이 항상 일정량 이상 불어준다는 장점이 있다. 바다의 밀물과 썰물의 차이를 이용하는 조력 발전에 관한 아이디어도 적었다. 조석 현상으로 인해 해면 높이의 차이가 발생하는 위치에너지의 차이를 이용하는 것이다. 조력 발전의 다른 방식으로 흐르는 조류에 직접 수중터빈을 돌려 전기에너지를 생산하는 방식도 있지만, 이는 바닷물에 직접 터빈이 맞닿기 때문에 부식이 일어날 수 있어 유지보수가 까다롭다고 한다. 조력 발전과 같이 물의 높이를 이용하는 방법 중에 수력 발전에 대한 아이디어도 있다. 수력 발전은 강에 댐을 건설하여 물의 낙차를 이용하여 발전을 하는 것이다.

줄 행성을 위해 아이디어를 개발하는 것은 얼마든지 할 수 있지만, 그중 특정 아이디어를 선택하고 프로토타입을 제작하는 것은 집중력과 실행력이 필요하다. 대원들은 대체에너지로 마을이 어떻게 바뀔 수 있는지 프로토타입으로 구현해 보기로 했다. 메이커박스 안에 있는 도구를 총동원하고 줄 행성의 재활용품을 긁어모아 메이커 프로젝트를 진행했다.

일단, 작은 마을 모형 한쪽에 두 개의 태양 모형을 세웠다. 재활용 플라스틱 모형들을 모아 여러 채의 건물을 세웠는데 그 건물들의 창문 방향을 모두 태양 방향으로 향하게 했다. 자연광을 통해 일조량을 확보하고 자연 보온을 하는 방식이다. 건물의 지붕 위에는 검은 테이프를 두른 태양광 패널을 연결했고 이를 통해 가정의 난방으로 이어지는 선을 연결했다. 건물 앞에는 태양광 전지와 바퀴를 연결하여 모터가 돌아가는 일명 태양광 자동차를 몇 개 세워 두었다. 마을 뒤쪽 언덕 위에는 대형 프로펠러가 달린 풍력 에너지 시스템을 모형으로 제작했다. 마을 중간에 자전거 보관소를 만들었고, 이 자전거를 타고 페달을 돌려 전기가 생산되면 내장된 배터리에 전기가 충전되는 방식을 구현해 냈다. 이러한 자가발전은 지구에서 이미 가정과 개인들이 사용하는 것들이다. 대원들은 이 프로토타입의 제목으로 "대체에너지 자가발전 마을"이라고 적었다.

이글이글 행성과
물 부족 문제

    다섯 번째 행성은 이글이글 행성이다. 이 행성은 태양처럼 뜨거운 특징이 있다. 원더호가 도착하자 행성인들이 곧바로 뭔가를 들고 줄을 섰다. 대원들은 이게 무슨 상황인지 몰라 당황스러웠다.

    "물, 물 좀 주세요!"

    행성인들은 항상 물 부족에 시달려 물을 받기 위해 물 양동이를 들고 있었다. 정이 많은 원더호 대원들은 우주선의 물을 나눠주었다. 그리고 근본적인 해결책을 찾기 위해 대원들은 행성의 겪는 물 부족 문제를 파악하고자 인터뷰를 시도했다.

    "여기는 물을 어떻게 공급받고 생활하나요?"

    "우리가 사는 이곳은 1년에 한두 번 정도만 비가 내려요. 대신 많은 양의 비가 오기 때문에 물을 저장해 놓고 아껴서 사용하지요."

"하지만 그 정도 양으로는 1년 동안 사용하기에 부족하지 않나요?"

"네 맞아요. 그래서 저장한 물이 떨어지면 마을에 있는 식수 공급 장치에서 물을 받아 사용합니다. 그러고 보니 지구인들이 만들어 준 식수 공급 장치가 있어요. 이곳 행성의 특성을 파악하지 않고 설치해 별 소용이 없긴 하지만…. 몇 주간 식수 공급 장치가 작동하지 않아 마을 사람들이 물 부족으로 힘들어하고 있어요."

디자인씽킹으로 문제를 발견하다

대원들은 행성인의 안내를 받아 식수 공급 장치를 직접 보기로 했다. 마을의 한쪽 외곽에 기계가 가득 들어찬 공장이 있었다. 행성인은 시설에 관한 설명을 덧붙였다.

"이곳이 마을의 식수 공급 장치가 있는 곳이에요. 이 거대한 파이프는 땅속을 이용해 바다까지 연결되어 있고, 이곳을 통해 바닷물이 들

어와 여과 장치에 걸러져 깨끗한 물로 바뀌고 있어요. 그리고 옆에 있는 건 아까 말씀드린 지구인들이 설치한 식수 공급 장치이고요."

지구인들이 만들어 준 식수 공급 장치는 놀이터에서 아이들이 놀이기구를 돌리면 그 힘으로 모터를 가동시켜 바닷물을 끌어와 여과시키는 원리였다. 처음 이 시설이 설치될 때만 해도 모두들 '착한 기술'이라고 환호했다. 그런데 시간이 지나면서 그 열기는 점차 시들해지고 사용 빈도가 낮아졌다. 1리터의 물을 끌어오기 위해 아이들이 2시간이나 놀이기구를 돌려야 하니 이쯤 되면 놀이가 아니라 노동에 가까웠다. 이런 방식의 적정기술을 처음 시도할 때는 많은 박수를 받았지만, 시간이 지나면서 좀 더 섬세한 현장 이해가 필요한 게 아니었나 하는 아쉬움이 생겼다.

이는 이미 지구에서도 다양한 시행착오를 겪었던 일들이다. 한편, 행성의 식수 공급 장치의 물을 여과시키는 필터의 수명도 이미 다 지난 상태였다. 그러다 보니 물이 나오더라도 짠 물이어서 식수로 사용하기 어려웠다. 이래저래 이글이글 행성에 물이 부족한 이유를 알 것 같았다. 디자인씽킹의 방법을 적용하여 자료 조사 및 현장 조사, 심층 인터뷰와 섀도잉 기법을 통해 현장의 문제를 충분히 공감했다.

대원들은 이 문제를 해결하기 위한 근본적인 핵심이 무엇인지 찾아보았다. 놀이터에서 놀이기구를 돌리는 방식보다는 더 근본적인 문제 접근이 필요했다. 대원들은 행성인들이 물을 사용하는 여정 맵을 그려보았다. 여정 맵의 핵심은 시간의 흐름과 이에 따른 감정의 변화, 이를 통해 문제 핵심에 접근하는 것이다. 시간 동선에는 비가 왔을 때 감정 곡선이 올라가고, 시간이 지나면서 저장한 물이 점차 줄어들면서 감정 곡선은 다시 내려간다. 바닷물을 끌어와 여과해서 사용한 초기에는 감정 곡선이 올라가지만, 여과 장치가 점차 약해지고 모터를 작동시키기 위해 놀이기구를 돌리는 아이들이 없을 때는 또 곡선이 내려간다. 대원들은 내려간 곡선들을 올리고, 전체적인 곡선의 굴곡을 줄이는 게 문제 해결의 핵심이라는 판단을 내렸다.

다시 말하면 비가 올 때 최대한 빗물을 많이 저장하는 방법이 필요하고, 바닷물을 효과적으로 끌어오는 방법을 찾아야 하며, 또한 저장한 물을 절약해서 사용하는 방법을 꺼내는 것이다. 토의 결과 꺼낸 문제 해결의 핵심은 크게 세 가지다.

문제 해결 핵심 정의 : 저장, 생산, 절약

리치 픽처 기법으로 문제를 해결하다

아이디어 도출 단계에서 대원들은 빗물 저장 방법, 바닷물 끌어오는 방법, 물을 아껴 쓰는 방법 등에 대해 브레인스토밍과 브레인라이팅 기법으로 다양한 의견을 냈다. 그런데 주제가 쉬운 듯하면서도 어려웠다. 쉽게 아이디어 확장이 일어나지 않았다.

이때 마티나는 '리치 픽처rich picture' 기법으로 아이디어를 도출해 볼 것을 제안했다. 이는 복잡한 시스템에서 문제 상황을 파악하는 데에 적용하는 사고 표현 기법이다. 리치 픽처는 문제 상황을 그림, 키워드, 부호, 아이콘, 만화, 스케치 등을 통하여 그려낸 그림을 말한다. 시스템 또는 복잡한 상황에서 참여자들이 겪었던 혹은 겪고 있는 일들을 그려 내게 함으로써 자연스럽게 문제 상황을 파악하는 도구다.

그림을 그릴 때는 타인의 이야기보다는 자신이 직접 경험한 사건 또는 일화, 추상적이고 개념적인 표현보다는 사실적이고 구체적인 표현을 하는 것이 좋다. 이는 브레인스토밍이나 브레인라이팅에 의하여 문제를 파악하는 것에 비하여 숨겨진 이슈를 찾아내는 데 더욱 효과적이라고 알려져 있다. 말이나 글로 표현할 수 없는 미묘한 뉘앙스를 좀 더 생생하게 다양한 방식, 즉 그림, 부호, 상징 등으로 담아낼 수 있기 때문이다.

빗물을 저장하는 방법을 리치 픽처로 표현하니 막혀 있던 아이디어가 퐁퐁 솟아났다. 다양한 사고기법을 알면 상황에 따라 다양한 기법을 선택적으로 사용할 수 있다. 대원들은 다양한 방식의 빗물 저장 방법을 그림으로 표현했다. 그림을 그리면서도 필요한 정보를 조사하여 과학적 지식과 적정기술을 접목한 아이디어를 그림으로 표현했다. 리치 픽처를 화면에 띄우고 빗물 저장 아이디어를 발표했다.

"빗물 저장의 핵심은 저장 도구라고 생각합니다. 저는 다양한 빗물 저장 도구를 그렸어요. 빗물을 모으는 것을 집수라고 하는데요. 원통 모양의 커다란 집수 물탱크가 필요합니다. 마을의 집수 탱크만으로는 부족합니다. 집집마다 필요하고 크기는 클수록 좋습니다. 그리고 집 앞에 우물과 생태 연못을 만들어 빗물이 모이도록 해야 합니다. 그러니까 다양하고 입체적으로 빗물을 저장하는 방법을 그려 낸 것입니다."

"리치 픽처를 함께 그릴 때 우리가 중요하게 생각한 것은 빗물을 많이 모을 수 있는 중간 연결고리입니다. 비가 오는 날 그냥 물동이를 마당에 놓는 것과 처마의 모서리로 물이 모여 떨어지는 곳 밑에 물동이를 놓을 때 모인 양의 차이는 어마어마합니다. 그래서 빗물이 모일 수 있는 통로를 만들고 이 통로가 집수 물탱크로 모이도록 하는 것입니다. 리치 픽처를 보면 여기저기 물을 모이게 하는 통로가 보일 겁니다. 이를 보통 우수관이라고 하는데요. 자연스럽게 경사가 진 곳은 만들기가 쉬워요. 그렇지 않은 곳에 우수관을 만들려면 그림처럼 인위적으로 경사를 만들어 물이 흘러가게 해야 합니다."

"리치 픽처에서 절대 놓치지 말아야 할 점은 물의 사용 용도에 따라 물탱크와 집수 방식이 달라진다는 것입니다. 그림을 보시면 원통형 물탱크가 있고, 작은 저장통들이 있으며, 마당 쪽에 우물과 생태 연못이 있습니다. 이 중에 식수로 사용할 물이 있고, 식수로 사용하지 못하거나 혹은 다른 용도로 사용하는 물이 있습니다. 빗물의 사용 용도와 집수 방식, 저장 용기 등이 서로 밀접한 관계가 있죠."

| 양동이 | 물탱크 | 빗물 저금통 | 생태연못 |

"그런데 여기 리치 픽처를 자세히 보면 식수로 사용할 가장 큰 물탱크의 모양이 매우 특별합니다. 집집마다 약간 차이가 있기도 합니다. 어떤 집은 거의 지하에 묻어 두고 비가 올 때 입구만 활짝 열어 두는 방식입니다. 물론 우수관의 끝이 탱크로 연결되어 있습니다. 어떤 집은 물탱크가 지상으로 올라와 있는데 뚜껑 위에 커다란 그늘막이 있습니다. 물탱크의 내부가 그냥 깨끗이 비어 있는 집도 있지만, 어떤 집의 탱크 바닥에는 숯, 자갈, 모래 등을 깔아 주었습니다. 이를 필터식 비전력 정수기라고 표현하기도 합니다."

"빗물 물탱크의 물이 주로 식수로 사용되려면 조건이 붙습니다. 크게 세 가지가 중요한 변수인데요. 유기물, 미생물, 그리고 햇빛입니다.

이 중에서 햇빛이 가장 큰 요인입니다. 유기물과 미생물이 물에 있더라도 햇빛이 없으면 물이 일정기간 썩지 않는다고 합니다. 수천 년이 흐른 지하 동굴의 지하수가 유기물, 미생물이 많음에도 썩지 않는 이유는 햇빛이 차단되었기 때문인 것과 같은 원리입니다. 그런 이유로 물 탱크를 지하에 두거나, 지상에 두더라도 보온덮개나 그늘막으로 햇빛의 열기와 태양광을 차단합니다."

리치 픽처만 봐도 바로 프로토타입을 만들 수 있을 정도다. 말과 글이 막힐 때는 이렇게 그림으로 경험과 감정, 생각의 흐름을 표현할 수 있다. 대원들은 리치 픽처를 통해 바닷물이나 지하수를 끌어오는 방법에 대한 아이디어도 그림으로 상상해 보고, 물을 아껴 쓰는 방법에 대해서도 일상생활의 경험에 근거한 아이디어를 다양하게 꺼낼 수 있었다.

이글이글 행성의 물 부족 문제를 해결하기 위한 다양한 아이디어 중 최종 아이디어를 선택하는 과정이 필요하다. 아이디어를 선택할 때 단순한 문제는 어려움이 없겠지만, 다양한 이해관계가 포함된 경우 또는 복잡한 성격의 문제는 선택이 쉽지 않다.

마티나는 대원들에게 의사결정 그리드decision grid를 사용해 볼 것을 제안했다. 빗물을 모을 수 있는 다양한 아이디어와 이를 아껴서 사용할 수 있는 여러 아이디어들을 몇 가지 기준에 의해 비교하고 당장 필요한 것은 무엇인지, 기술적으로 실행 가능한 것은 무엇인지를 찾아 선택하는 것이다. 판단의 기준은 다양하게 제시할 수 있다. 난이도의 쉬움과 어려움, 단기적 필요와 장기적 필요, 시급성의 정도 등을 기준으로 각 아이디어를 격자형 도표에 배치하는 것이다.

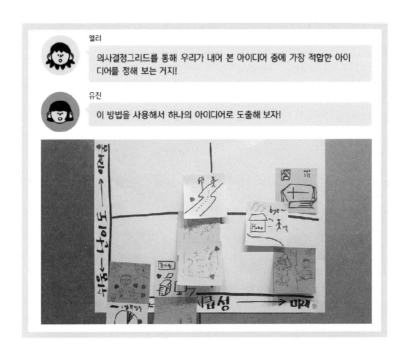

리치 픽처와 의사결정 그리드를 통해 선택된 아이디어로 이제 프로토타입을 제작해야 한다. 대원들은 플라스틱 재활용품 용기들과 찰흙 등을 이용해 마을의 빗물 저장 시스템을 모형으로 구현했다. 실제 물탱크의 모형과 구조, 위치까지 잡아 표현했고, 음료수 빨대를 이어서 우수관을 제작하여 물탱크로 연결했다. 찰흙을 활용하여 물탱크의 지상 버전과 지하 버전을 구분했으며, 생태 연못과 우물도 모형으로 제작했다.

한편, 이번 프로토타입을 제작한 이후에는 이를 테스트하고 평가하며 개선하는 단계를 진행했다. 사분면 테스트라고 불리는 이 방법은 시제품에 대한 발표를 듣고, 이에 대해 네 가지 기호를 사용하여 사분면에 피드백 결과를 입력하는 것이다.

'+'는 더 추가되었으면 하는 아이디어를 '△'는 아이디어 중에 빠졌으면 하는 부분을 적는다. '?'는 발표를 들었지만 잘 이해되지 않는 부분이다. '♀'는 아이디어 발표를 듣고 새로운 아이디어가 생각나면 적는다. 이렇게 해서 발표와 피드백을 통해 시제품을 개선하는 것은 디자인씽킹과 메이커 활동의 기본 자세다.

타브타브 행성과
식량 문제

원더호의 마지막 행선지는 타브타브 행성이다. 착륙하기 전에 원더호는 끔직한 상황을 겪어야 했다. 미사일 한 발이 날아온 것이다. 가까스로 공격을 피하고 착륙한 뒤 대원들을 맞이한 건 총을 든 군인들이었다. 타브타브 행성은 지금 전쟁 중이었다. 원더호를 적군의 전투기로 오인해 미사일이 발사된 것이다.

대원들은 군인들이 없는 지역을 확인하여 어렵사리 행성 탐사를 시작했다. 전쟁은 그 자체로도 많은 피해를 낳지만, 부수적인 피해는 막대하다. 특히 행성 주민들의 상황이 심각했다. 여기저기 굶주림에 죽어 가는 행성인들이 보였다. 일단 원더호의 비상식량으로 급하게 몇 끼 식사를 되는 대로 제공했다. 우주 탐험용 비상식량인데, 탐험 도중 조난에 대비하여 물만 공급하면 수십 배로 커지는 특수 식량이다. 한 마을 정도를 먹이기에는 충분했다.

"고맙습니다. 이렇게 맛있는 음식을 너무 오랜만에 먹어 봅니다. 정말 감사합니다."

"왜 이 마을 사람들이 이렇게 굶주리고 있죠? 식량을 구할 수 없나요?"

"지구에서 오신 분들이군요. 이곳은 벌써 몇 년째 전쟁이 치러지는 지역입니다. 우리 마을이 직접 공격을 받지는 않았지만 도로와 공장들이 피해를 입다 보니 식량을 생산하거나 들여오기가 무척 힘들어졌어요. 남은 식량이 얼마 없자 마을 사람들 몇몇이 타 지역에서 식량을 가져오려 했으나, 벌써 며칠째 소식이 없습니다."

"이 지역의 정부에서는 아무런 도움도 주지 않고 있나요?"

"주민들을 위한 식량보다 타 행성에서 무기와 에너지원을 사오기 바빠요. 다른 지역에서 오는 구호물자도 대부분 군대에서 빼돌리는 것 같습니다."

디자인씽킹으로 문제를 발견하다

타브타브 행성의 문제는 참 많지만 그 중에서도 식량 부족이 가장 시급해 보였다. 행성을 다니며 느낀 점은 대부분의 문제가 지구의 SDGs와 유사하다는 것이다. 그 이유는 아마도 SDGs가 인간이 생존하고 삶을 영위하기 위한 근본적인 문제이기 때문일 것이다. 일단 대원들은 원더호에 모여 행성의 문제 분석을 시작했다. 행성을 탐사하고 다양한 행성인들을 만나 인터뷰한 내용을 먼저 정리했다. 여러 행성인의 입장에서 캐릭터별로 생각을 정리하고 이를 발표했다.

"군인들은 전쟁 중이기에 절대복종의 자세를 갖고 있습니다. 일반 주민들의 굶주림을 알지만, 식량을 모아 군인들을 먼저 챙기고 있습니다. 하지만 외부 행성에서 온 지원 물자까지 주민들에게 나눠주지 않고 군대가 가져가는 것에 대해 일부 군인들은 마음속으로 분노를 느끼고 있는 것 같습니다."

"행성 농사꾼은 직업적으로 행성의 식량을 책임지던 존재입니다. 전쟁 때문이 아니더라도 타브타브 행성은 농사를 짓기 어려운 조건이라고 합니다. 일단 근본적으로 식물을 재배할 수 있는 공간이 턱없이 부족합니다. 곡물을 주로 수입해 오고 있었는데 전쟁 중에 이마저 막히니 답답해하고 있죠. 앞으로가 더 걱정이라고 합니다. 이미 기존의 건물들이 있고, 경작지는 좁은데 앞으로 더 많은 건물을 지을 것이기 때문에 작물 재배와 식량 보급 문제로 고민이 많습니다."

"행성의 아이들도 만나보았는데요. 이들은 전쟁의 가장 큰 피해자입니다. 가장 심각한 건 식량 부족으로 영양 공급이 부족하여 발육이 잘 안 되는 점입니다. 전쟁으로 정서가 파괴되고, 성장발육이 부족하니 신체적·정신적으로 잘 성장하지 못하고 있는 실정입니다."

"행성 주민은 식량 자급조차 안 되는 이 행성에서의 삶에 점차 실망과 염증을 느끼고 있습니다. 누구를 위한 전쟁인지 한숨이 나오고 외부 지원 물자도 군용으로 가져가는 것에 분노하고 있습니다. 정치를 하는 지도자와 정부에 대한 한 가닥 기대와 희망조차 이제는 흔들리고 있습니다. 최소한 먹고살 수 있게는 해야 하지 않겠느냐며 울분을 토하고 있어요. 전쟁이 끝나면 다른 행성으로 이민 갈 생각도 많이들 합니다."

행성의 다양한 주체들과 인터뷰하고 현장을 관찰한 결과 대원들은 이 모든 문제의 중심에 '식량 문제'가 자리하고 있음을 다시 한 번 확인했다. 심지어 지금 치르는 전쟁조차도 처음에는 식량 무역과 식량 자원 배분에서 시작되었다고 한다.

문제 발견의 과정을 토대로 대원들은 문제 해결의 초점을 찾기 위해 이해관계자 맵을 그려보기로 했다. 사사분면의 좌우 기준은 식량 의존도로 배치하고, 상하 기준은 행성 활용 지식의 수준으로 인물을 배치했다. 일단, 인구수에서 많은 수를 차지하는 것은 행성의 주민들과 아이들이다. 그래도 어린아이들과 청소년이 많은 것은 행성의 미래가 희망적이라는 증거다.

이해관계자 맵에 인물을 배치할 때는 인구수를 감안하여 원의 크기를 표현했다. 행성 아이들은 가장 큰 원을 그렸으며 위치는 활용 지식이 낮고 식량 의존도가 높은 곳에 배치했다. 비슷한 크기의 행성 주민들 역시 식량 의존도는 크지만 활용 지식은 높은 쪽으로 약간 이동한 위치에 원을 그려 넣었다. 인구수가 적지만 이해관계자 맵에서 가장 중요한 대상은 행성 농사꾼이다. 이들은 식량 의존도와 행성 활용 지식이 만나는 중간 위치에 자리를 잡았다. 행성 군인들은 높은 행성 활용 지식과 높은 식량 의존도 공간의 하단에 자리를 잡았고 원은 중간 크기다.

대원들은 인터뷰 대상들 외에도 문제 해결에 관여하는 다양한 대상을 더 찾아서 그림에 포함했다. 행성의 상류층은 주로 경제력을 가지고 있으며, 부족함 없이 식량을 공급받고 있다. 또한 이들은 행성의 다양한 토지와 건물을 소유하고 있다. 행성에 식물과 작물을 경작할 땅이 부족하다는 점을 떠올려 보았을 때 이들도 나름의 역할이 필요할 것 같다. 행성 상류층은 높은 행성 활용 지식과 낮은 식량 의존도의 위쪽에 배치했다. 행성 상류층 근처에 매우 작은 원으로 식물학자, 그리고 미래 농업에 융합할 수 있는 IT전문가 집단을 작은 원으로 그려 넣었다. 이런 방식으로 원의 크기와 위치로 공간을 배치하니 꽤 그럴싸한 이해관계자 맵이 완성되었다. 대원들은 이 자료를 토대로 이해관계자 맵의 마지막 연결고리를 만들고 이를 발표했다.

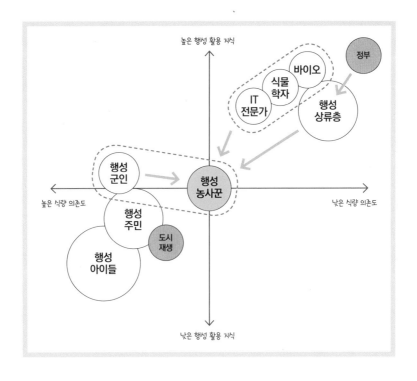

　"중심부에 행성 농사꾼이 있고 주변에 다른 인물들이 있습니다. 중
요한 것은 앞으로 어떤 역할을 서로 할 수 있을 것인가에 대한 부분입
니다. 우선 한 가지 새로운 제안을 합니다. 지구의 국제 문제 분쟁 해결
을 위한 기구가 있는 것처럼, 이 행성에 그런 기구를 하나 제안하고 이
를 통해 전쟁을 종식시키는 게 급선무입니다. 그래서 저는 여기 가
장 높은 위치에 분쟁 해결 기구를 작은 원으로 그려 넣고자 합니다."

　"만약 그 기구가 역할을 충실히 해서 전쟁이 점차 마무리될 가능
성이 보인다면, 군인들 상당수는 노동력으로 행성 농사꾼들을 지원
할 수 있습니다. 이렇게 화살표를 그려서 지원 가능하다는 표시를 했습
니다. 그리고 아예 점선으로 농사꾼과 군인을 묶는 큰 원을 추가로 그

렸습니다."

"이 행성이 식량 자급을 위해서는 식물과 작물 재배가 필수입니다. 그런데 조건은 매우 열악합니다. 경작할 땅이 없는 것입니다. 이 문제를 해결하기 위해서는 식물학자, 바이오산업학자 그리고 IT 분야 전문가들이 함께 융합 연구를 해야 한다고 생각합니다. 작물 재배에 IT가 결합된다면 여러 열악한 조건을 넘어설 수 있습니다. 이렇게 점선으로 융합의 카테고리를 만들고 여기서 화살표가 출발하여 농사꾼으로 향하게 했습니다."

"한 가지를 더 보태자면, 경작할 땅에 대해서도 작은 희망이 있습니다. 행성의 상류층이 적극적으로 행성 전체가 함께 잘사는 문제에 공감하면 변화가 일어날 수 있습니다. 토지와 건물을 많이 가지고 있는데 이를 다양한 절차로 농사를 지을 수 있는 토지로 임대해 주거나 전문 경영인을 두어 바이오산업의 수익모델로 전환시키는 겁니다. 혹은 국가가 이러한 공간을 대신 구매해서 농사꾼들에게 값싸게 임대하는 식으로 농경지 확보를 돕는 것도 방법이 아닐까요. 그래서 여기에 정부가 참여하는 작은 원을 그려 상류층과 농사꾼들로 향하는 화살표를 만들었습니다."

"한 가지 아이디어가 더 있습니다. 일상생활에서 자주 먹는 채소류는 사실 일반 행성 주민들이 베란다, 옥상 등에 작은 텃밭을 가꾸는 문화를 만든다면 식량 자급에 도움이 될 수 있습니다. 이때 미래의 직업으로 도시 재생 전문가, 도시 텃밭 전문가 등을 배출하여 지원하면 어떨까요. 행성 주민의 원 안에 작은 원을 포함하여 이런 대상을 표현해 보았습니다."

이해관계자 맵이 이렇게 나올 수 있었던 이유는 작성 전에 행성인에 대한 심층 인터뷰를 추가로 진행했기 때문이다. 공식 인터뷰의 여러 항목 중에 특히 행성인의 라이프 스타일과 주제와 관련한 의견에 집중했다.

소요 시간	의미		적용
10분	워밍업	우리 소개 하기	우주 행성의 지속가능발전 문제해결 탐사대
		인터뷰 목적과 내용 안내하기	행성의 문제상황을 보다 정확하게 이해
		아이스 브레이킹	예)최근 이슈/관심사 등에 대해서 자연스럽게 대화 유도
15분	라이프 스타일	작업	행성 농사꾼
		취미 및 관심 분야	직업적인 농사 외에 집에서도 텃밭 가꿈.
		지인관계	행성의 상류층, 지도층과 가까움
		즐겨 사용하는 물건 또는 서비스	농사와 관련된 기구, 날씨 정보 서비스.
		하루 일과와 주말의 생활	계절과 날씨에 따라 농사 일과 달라짐.
		생활 공간이나 환경	농경지와 가까운 곳에 거주. 도시와 먼 거리.
20분	주제 관련	식량에 대한 문제들	경작할 토지 부족하고, 도시화 진행이 빨라 건물이 늘고 농토는 더 줄어 든다.
		빈곤으로 발생되는 문제들	좁은 땅의 농사꾼과 건물을 가진 도시인들 빈부격차 심해지고 점차 사회갈등 커짐

10분	마무리	주제와 상관없는 질문들	농사를 짓지 않는다면 어떤 직업 희망하는지
		사례 및 감사인사	문제해결에 인터뷰 내용 참고 약속.

　이를 토대로 대원들은 타브타브 대표 행성인을 페르소나로 지정하여 제작해 보았다. 페르소나 제작은 앞서 발표한 이해관계자 맵 구성에 결정적인 도움을 주었다. 페르소나 행성인은 타브타브 행성이 가장 풍요롭던 시절에 어린 시절을 보냈다. 성인이 된 이후에는 행성 농사꾼을 직업으로 삼았다. 자녀를 낳아 키우는 시기에 전쟁을 경험했다. 전쟁 분쟁 조정 협의 기구에 들어가 주민 대표로 의견을 개진했고, 전쟁이 끝난 이후 IT 전문가, 바이오 전문가와 함께 새로운 농업 기술을 찾고 이를 바탕으로 열악한 환경을 넘어서는 농업 개혁에 나섰다. 이것이 가능했던 것은 긍정적인 그의 성격과 도전정신을 가지고 있었기 때문이다. 그는 식량만큼은 자급할 수 있는 행성이 되기를 바란다. 그러기 위해 현재 경작할 땅이 부족한 현실을 넘어설 수 있는 식물과 바이오, IT가 융합된 미래 농업을 꿈꾸고 있다.

행성인의 페르소나를 작성하고, 이를 바탕으로 행성인의 여정 맵도 그렸다. 시간이 흐름에 따라 어떤 상황 변화와 감정 변화를 겪는지 살펴보자.

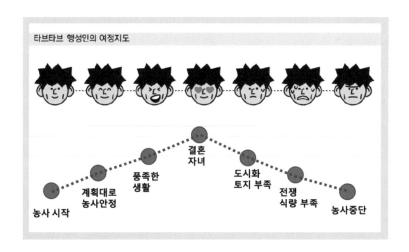

이제 문제 해결을 위해 문제의 핵심을 정의하는 과정까지 도착했다. 이미 있는 자원을 최대한 활용하고 열악한 조건을 넘어 식량 산업을 이어갈 수 있는 방안을 찾는 것이다.

문제 해결 핵심 정의 : 자원 최대 활용과 식량산업 방안

식량 문제를 해결하다

대원들은 HMW, 즉 How(어떻게) Might(할 수 있을까) WE(우리가) 기법으로 아이디어를 도출하기 시작했다.

"종자 개발은 어떨까. 빠른 시간에 더 크게 자라는 종자를 연구하

는 거야."

"아예 식량 산업의 구조를 정책적으로 바꾸는 게 낫지 않을까. 자연의 공간에서 긴 시간 재배한 뒤, 그 결과물을 식탁에 올리는 거 말고 공장에서 식품을 만드는 산업에 더 집중하는 거야."

"그건 우리 몸의 건강과 관련된 문제야. 그래도 우리 몸은 땅에서 나는 자연의 산물로 채워야 건강한 거야. 비닐하우스, 유리온실을 통해 기온과 강우량의 환경조건을 조절할 수 있는 방법은 어떨까?"

"IT 기술을 적용한 스마트팜이 더 나을 것 같아. 햇빛, 물, 토양, 인력 등 가장 기본적인 재배 조건을 뛰어넘을 방법은 스마트팜이라고 생각해."

"하지만 가장 치명적인 문제는 이 모든 것이 가능한 '땅'이야. 비닐하우스든 스마트팜이든 공간이 필요한데, 이 행성에는 그 공간이 부족해. 따라서 유일한 해결책은 좁은 공간을 활용할 수 있는 '식물공장' 시스템이라고 생각해."

"좋은 생각이다. 지구의 일부 신도시들은 컨테이너 식물공장을 만들기 시작했어."

"일본의 기업이 주도하는 '플렌티' 시스템은 어떨까. 재배 공간을 계단식으로 만들어 물이 흘러서 아래 논으로 내려오는 구조야. 물 소비량이 일반 농업의 1% 수준으로 줄어드는 효과가 있다고 해."

"이런 사례도 있어. 물고기와 채소를 동시에 키우는 '아쿠아포닉스' 기술이야. 물고기의 배설물과 양식장 물이 식물이 되고, 식물이 정화한 물은 다시 양식장으로 돌아가는 선순환 구조야. 중요한 것은 물 사용량이 노지 재배의 5%에 불과하니 자원도 아낄 수 있어."

"해결책은 다각도로 다양하게 꺼내야 한다고 봐. 각 가정에서 가정용 식물 재배기를 쓰면 어떨까. '웰스팜'이라는 기술 상품도 이미 출시된 적이 있어."

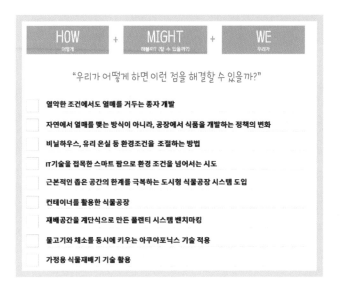

아이디어 자체가 매우 전문적이고 구체적이다. 아이디어를 더 정교하게 다듬기 위해 브레인라이팅을 시도했다. HMW 기법으로 나온 아이디어를 활용하기 위해 세 가지 방법을 찾고 이를 페이퍼의 상단에 적었다. 식물공장 아이디어, 그리고 온실 재배 아이디어, 가정용 재배기 아이디어다. 이후 페이퍼를 한쪽 방향으로 전달하면서 앞에 나온 아이디어에 추가 아이디어를 적으면서 순환하는 것이다. 작성이 완료되면 가장 좋은 아이디어를 투표로 선정할 것이다. 식물공장 아이디어에 대해 여러 대원이 순서대로 아이디어를 추가했다. 식물공장은 최첨단 고효율 에너지 기술을 결합해 실내에서 다양한 고부가가치의 농산

물을 대량 생산할 수 있는 농업 시스템이다.

"기존에 넓은 토지에 경작하는 방식이 아니라 수직으로 층층이 위로 올리는 '수직 재배'를 시도한다."

"빛, 온도, 습도 등 자연환경과 유사한 재배 환경을 구축한다."

"인력을 최소화하기 위해 IT를 접목하여 디지털 재배 환경으로 설계한다."

"자원을 최소화하기 위해 수분이 아래로 빠지는 구조를 만들어 물 사용량을 줄인다."

"작은 모판 방식으로 수직 재배 사례를 만들고, 이를 적용하여 식물공장 건물을 짓는다."

두 번째와 세 번째 아이디어에 대해서도 대원들은 페이퍼를 전달하며 추가 아이디어를 브레인라이팅했다.

---

problem : 식량부족을 해결하기 위해 좁은 재배공간 극복의 방법 찾기

idea 1. 식물공장 아이디어	idea 2. 온실재배 아이디어	idea 3. 가정용 재배기 아이디어
넓은 토지가 아니라, 수직으로 올라가는 수직재배 방식	비닐하우스 공법을 사용하면 외부 계절 변화의 제한을 충분히 극복 가능	가정 베란다와 건물 옥상을 활용하여 텃밭 가꾸고 일상적인 채소 자급 문화
빛, 온도, 습도 등 자연 상태에서의 외부 환경과 비슷한 조건을 만드는 게 핵심	비닐하우스 방법을 사용하기 위해서는 내부의 온도와 습도 조절이 핵심	가정용 텃밭은 제약 조건이 크다. 공간도 부족하고 태양은 있지만 물과 토양은 공급과 관리가 어려움
외부 환경뿐 아니라 인력자원 또한 최소화하기 위해 기술력 융합	비닐하우스 내부의 환경을 조절하는 것은 사람의 예측이 아니라 IT 센서로 가능	태양, 물, 토양 등의 외부 조건 극복하고 가정에서도 사용가능한 식물재배기 제품 개발

인력뿐 아니라 자원도 절약하며 효율적으로 운영하기 위해 수분절약형 구조	만약 비닐하우스를 유리온실로 대체하면 외부 태양열을 직접 내부에 적용	유리온실의 가정용 버전에 가까움. 다양한 IT 기술의 집약 필요.
수직재배를 위해서는 작은 모판을 먼저 재배하고 이를 옮겨서 수직재배 활용	비닐하우스 내부 구조를 식물공장의 수직재배와 융합하여 2층 이상 공간 활용	태양광 대신 LED 조명으로 광합성 빛의 양과 세기 조절, 순환냉각 기능, 토양성분의 칼륨, 칼슘, 유기산 등

브레인라이팅을 하고 보니, 전체적인 맥락과 핵심은 비슷하다. 기술을 접목한 식물 재배와 환경 제약을 극복한 식물공장 개념이다. 이제 대원들은 이러한 아이디어 구체화를 토대로 프로토타입을 제작해야 한다. 주제는 식물공장 시스템과 가정용 스마트팜이다.

아이디어로 도출한 모형을 직접 제작하기 위해 일단 재료와 도구를 충분히 찾아야 한다. 유리온실을 위해 공사장에 버려진 투명 플라스틱판을 찾았고, 수직 재배의 모종판을 구현해내는 데는 초록색 부직포를 사용하기로 했다. 마을의 집들을 생략하고, 식물공장 여러 동을 건물모형으로 지었다. 물론 그 내부에는 위쪽에서 뿌려지는 수분공급 호수가 있고, 물은 모판을 통과하면서 아래쪽 모판까지 흘러내린다. 유리온실 개념이어서 태양광을 받을 수 있지만 흐린 날도 있기에 안쪽에 LED등 모형을 달았다. LED와 수분공급장치, 공기필터는 모두 전광판 모형의 디지털 센서와 연결시켰고, 이를 통해 자동으로 환경을 만들어주도록 했다. 이러한 유리온실을 몇 동 세우니 식물공장 분위기가 물씬 난다. 한쪽 공간에는 식물공장에 제공할 첫 모종을 재배하는 비닐하우스 모형을 만들었다. 예전 넓은 평야에서 곡식을 재배하는 분위기와는 너무도 다른 모습이다. 또한 3D 프린터기로 가정용 식물 재배기 형태를 제작하여 한쪽 공간에 배치했다. 이렇게 해서 식물공장과 스마트팜 프로토타입이 완성되었다.

대원들은 타브타브 행성의 문제 해결까지 깔끔하게 완료했다. 지구의 SDGs, 문제 해결을 위한 디자인씽킹, 그리고 세상을 변화시키는 메이커 운동의 방법들을 활용하여 진정한 체인지메이커 역할을 수행한 것이다. 어릴 때부터 세상을 바라보는 관점을 키우고, 문제를 찾아 해결함으로써 함께 살아가는 세상을 만드는 경험을 했다는 것이 가장 큰 수확이다. 원더호 프로젝트는 어린이, 청소년을 교육하는 학교와 가정에서 더 많은 체인지메이커를 키우는 데 본보기가 되기를 바라며 진행되었다.

"새끼 북극곰 생존율 2.5%."

"전 세계 고릴라 수, 33년 이내 80% 감소."

대원들에게는 제목만 주어졌다. 실제 세부적인 내용을 직접 찾아보아야 한다.

과연 무슨 일이 벌어지고 있는지, 얼마나 심각한 상황인지 확인해야 한다.

그리고 이를 원인과 과정 그리고 결과로 설명해야 한다.

1960년대 이후 대규모 환경오염이 발생했고,
그 피해는 고스란히 사람들에게 돌아왔지. 그제야 사람들은 깨달았어.
경제개발만큼 환경보전도 중요하다는 것을 말이야.
그래서 '지속가능발전'이란 개념이 등장한 거야.

누구나 디자이너처럼 생각하고 창조적으로 문제를 해결할 수 있다.
이를 가능하게 하는 것이 디자인씽킹이다.
디자인씽킹은 다섯 가지 과정으로 진행된다.
공감하기, 문제 정의하기, 아이디어 창출하기, 모형 제작하기, 평가 및 개선,
즉 사고방식을 체계적으로 훈련해 가는 과정이다.

메이커 운동이 꼭 어떤 기술과 컴퓨터를 활용한 제작 활동에 국한되지 않고
변화를 위해 꼭 필요한 그 무엇을 만드는 개념이라는 것이다.
해결할 문제가 있고, 해결할 아이디어가 있으며,
그 결과 어떤 형태가 나오고 이에 따라 문제가 해결되고 변화가 일어났다면
이것이 바로 메이커 운동이다.